R A N D Y   M O N T I L L A

RICOS
PERO

POBRES
DE HAMBRE

Publicado por
RANDY MONTILLA

Primera Edición 2020

Por RANDY MONTILLA

Título publicado originalmente en español:
RICOS PERO POBRES DE HAMBRE

Citas Bíblicas tomadas de la Santa Biblia, Versión Reina-Valera de 1960. © Sociedades Bíblicas Unidas. Usadas con permiso.

Clasificación: Religioso

ISBN - 978-1-7923-4238-7

Para información:

RANDY MONTILLA
Tel: (849) 850-1451
Email: Randymontilla96@gmail.com
Facebook : Randy Montilla
Instagram : Randy_montilla
YouTube :   Randy montilla

Producido e Impreso en USA por:
Tel. (214) 881-1367
www.HolySpiritPub.net

RICOS PERO POBRES
DE HAMBRE

De: *Randy Montilla*

Para:_____

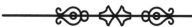

4 · **RANDY MONTILLA**

DEDICATORIA

Dedico este primer libro al Eterno Dios que, con su gracia y favor, me ha sostenido. A mi madre, quien se merece esta honra por todo lo que ha representado en mi vida. En último lugar, pero no menos importante, dedico esta obra literaria a todo aquel que tiene un ministerio, que ama el estudio de las Sagradas Escrituras y disfruta la revelación del Espíritu Santo.

AGRADECIMIENTOS

Para comenzar, quiero agradecer al **Eterno Dios,** por concederme el privilegio de escribir. Sería imposible comenzar este libro sin agradecerle a Él. Desde mis comienzos, su trato conmigo fue muy directo, al punto tal de que la figura paterna más clara que tengo hoy en día es la del Eterno.

En segundo lugar, a mis padres, especialmente a mi madre, **Aurora Montilla**, que tuvo que trabajar duro como madre soltera por muchos años para poder darme un mejor estilo de vida.

En tercer lugar, agradezco a mi amigo incondicional, mentor y compadre, **Yeifry Díaz,** quien desde mis inicios en el ministerio ha sido un ejemplo a seguir por su disciplina y determinación para la obra del Señor.

A todo mi equipo ministerial de **Fextrema Internacional**. Me encantaría mencionarlos, pero ellos prefieren permanecer anónimos. ¡Gracias!

En un mismo orden, a mi pastor **Dennis Constanzo** que, con su pasión por Dios y su obra, me ha inspirado a cuidar minuciosamente lo que Dios ha depositado en mis manos.

A **Dabeida de Jesús Firmen**, quien ha sido mi escudera incondicional por varios años, y en el tiempo de vacas flacas, fluía llevándome a predicar en su carro a donde se me solicitaba sin poner "peros" o "pretextos". Siempre ha estado disponible para mí.

Y por último, pero no menos importante, a mis hijos espirituales en las naciones, quienes son un soporte clave en mi ministerio.

PREFACIO

Este libro es un incentivo, no un proyector de culpas. Los principios que el escritor expone son con matices de revelación y producto de una relación.

Este material que llega a sus manos, escrito por el hermano **Randy Montilla**, lo califico como una visión escrita de las preocupaciones de Dios para nuestra generación.

En esta obra literaria, verá una serie de análisis con conclusiones bien definidas sobre algunos conceptos mal aplicados y no practicados, pero que, en las profundidades del autor, tenemos un rayo de luz para entenderlo con una perspectiva de origen más que de causa.

Ricos, pero pobres de hambre, nos redirecciona a la razón de ser de las cosas que hacemos para Dios, pero que, en ocasiones, se nos olvida la esencia del porqué de esas cosas.

No pude evitar cuestionarme sobre ciertas verdades que encontraremos en este viaje y que ya era hora de que escucháramos.

Por algo, Jesús dijo que el primer mandamiento de todos es: *"Oye, Israel;"* **(Marcos 12:29).** Cuando leemos este texto, enfocamos nuestra atención en EL

SEÑOR NUESTRO DIOS, EL SEÑOR UNO ES, pero es imposible entenderlo si primero no lo oímos, "OYE, OYE".

El segundo mandamiento de Jesús dice que, es SEMEJANTE, oye. Debes oír.

Prepárate para obtener una visión fresca e inspiradora para seguir adelante en este camino de la fe, saciando ciertas interrogantes con las aguas del manantial de **Ricos, pero pobres de hambre.**

Amárrate el cinturón, porque el avión va a despegar y recuerda: cualquier cosa, ponte la máscara de oxígeno primero, para que puedas ayudar a otros. Buen viaje.

Sr. Denny Constanzo

PRÓLOGO

A través del tiempo, he podido aprender que no todo el que dice ser "feliz" por la posición económica que tiene, lo es; por la sencilla razón de que veo, "supuestamente", personas famosas y políticas quitarse la vida estando en posiciones deseadas por muchos en la tierra. Mencionaré dos casos:

El 28 de marzo 2020, se suicidó **Thomas Schäfer,** ministro de finanzas del Estado federado de Hesse, en Alemania. Según fuentes, se quitó la vida pensando en la crisis económica que dejaría el Covid-19 en el mundo. Me pregunto por qué se quitó la vida. ¡Una posición muy buena! ¿Qué le pasó?

Llegué a la conclusión de que era pobre, que jamás se sintió rico, que su alma estuvo vacía por muchos años, y el enemigo aprovechó el miedo que tenía la sociedad para inducirlo a atentar contra su propia vida. Por eso, Jesús dijo: *"¿Qué aprovechará al hombre, si ganare todo el mundo, y perdiere su alma? ¿O qué recompensa dará el hombre por su alma?" (Mateo).*

El próximo caso que tomaré como ejemplo, con todo respeto, será el del actor de Hollywood, **Robin Williams.** En el 2014, se quitó la vida por una depresión terrible que padecía. Él fue un comediante, actor, ganador de un premio Oscar, cinco globos de oro, tres premios Grammy, entre otras distinciones. Entonces, ¿por qué deseó irse de este mundo?

Mi conclusión, vuelve a caer en lo mismo, estaba muy pobre del alma. Esa es la razón por la cual te digo en este episodio de este poderoso libro **"Ricos, pero pobres de hambre"** que los carros de lujo, las mansiones o el dinero que tenga no lo hacen feliz; no lo hacen el hombre más perfecto del mundo. Con esto no quiero decir que el dinero es 'malo', que tener lujos es malo. Lo único malo sería que pensásemos que esto es **el todo del hombre**.

Estas fueron estadísticas seculares, pero también existen estadísticas con gente de ministerio. Pastores con grandes iglesias se suicidan teniéndolo todo, caen en una depresión que termina consumiéndolos, por no tener equilibrio ministerial y un enfoque claro de lo que se refiere ser un hombre con llamado.

Este libro es para que todo aquel que tenga un ministerio no caiga en esta trampa de Satanás, *de perder sus sanas intenciones y caer en la desgracia por perseguir las riquezas de este mundo.*

Y finalmente, terminaré diciéndoles que Las Escrituras dicen: *"La bendición del Señor es la que enriquece, Y no añade tristeza con ella"* **(Proverbios).**

Sé que esta obra maravillosa escrita por mi amigo y hermano (casi de sangre), el ministro **Randy Montilla,** te abrirá un portal de bendición que jamás habías visto. Randy y yo tenemos muchos años conociéndonos y trabajando de las manos en el reino de Dios, y no tengo la menor duda de que este libro lo escribió bajo inspiración Divina. ¡Léelo completo! Y mientras lo leas, comenzará a pasar algo glorioso contigo.

Yeifry Díaz

Evangelista Internacional

COMENTARIOS

En cada estación de nuestras vidas, siempre necesitaremos una palabra que nos confronte para creer en cosas mayores. La visión que tenías te llevó donde estás, pero es necesario renovar nuestra fuerza y pasión para poder llegar a otro nivel de gloria.

Desde que mi amigo **Randy** me presentó su libro y pude leerlo, comprendí que este será necesario por muchas generaciones, porque, más que emocionarte, la intención es confrontarte para que hagas cosas mayores. ¡Jamás te arrepentirás de leer este exquisito material!

Gracia y Paz

Pastor Sergio Rivera

Para hablar de este tema, "**Ricos, pero pobres de hambre**", la persona más indicada es mi amigo **Randy Montilla**, porque desde el día que lo conocí, he visto que su mayor pasión siempre ha sido provocar hambre por lo sobrenatural en todos aquellos que le rodean. Y eso convierte este libro en un manual de vida que despertará un avivamiento para esta generación.

Un señor de edad le pregunta a su nieto: *"Cuando te paras en la ventana de tu habitación, ¿qué ves?"*. Y el joven le responde: **"Bueno, veo gente caminar"**. El abuelo le dice: *"¡Correcto!"*, y le añade una pregunta más: *"Cuando te paras frente al espejo, ¿qué ves?"*. El nieto le responde: **"Me veo a mí mismo"**. El señor, de edad avanzada, le dice a su nieto: *"¿Qué hace la diferencia entre el espejo y la ventana de tu casa, si ambas cosas son hechas de vidrio?"*. Y el nieto le dice: **"No me sé la respuesta"**. Entonces, aquel abuelo le dice a su nieto: *"Lo que hace la diferencia entre el espejo y la ventana de vidrio es la plata; porque el espejo, aparte del vidrio, también tiene material de plata"*.

Y ese es el mayor problema de esta generación. En muchas ocasiones, cuando tenemos plata, dejamos de mirar a la gente y comenzamos a mirarnos a nosotros mismos: **"Ricos de plata, pero pobres de mirar la necesidad de tu hermano"**. Lo que Dios te da no solamente es para tu propio beneficio, sino para que también lo multipliques en alguien más.

Profeta Luis Felipe Rivera

Cuando mi amigo y hermano Randy Montilla me comentó que estaría escribiendo un libro, me sorprendí y, a la vez, me asusté. Un libro representa muchas cosas para un autor y, para que el mismo tenga un impacto significativo, amerita de un esfuerzo extraordinario de un gran equipo de trabajo. Como amigo que ama, pensé en tratar de convencerlo de que pensara en emprender un proyecto tan complicado en otro momento de su vida; no quería verlo frustrado si sus esfuerzos fracasaban.

Luego, reflexioné y recordé a Pedro, quien era amigo de Jesús; él amaba a Jesús y trató de convencerlo de no ir al madero. Pedro quería librar a Jesús del dolor y la muerte, pero no se estaba dando cuenta de que su intención también alejaba a Jesús del propósito para el cual vino a la tierra. Me pregunté ¿Por qué matar el sueño de un soñador? Así que, lo animé y le dije que contara con mi apoyo.

Lo vi trabajar arduamente durante meses. Creo que el proceso de hacer de este libro, en realidad, lo ayudó a convertirse en un mejor líder y hombre de Dios. Al leer el material que usted tiene en sus manos, me sorprendí aún más que la primera vez, cuando solo me había comentado la idea, ya que me conecté con ese joven emprendedor que salió de los barrios peligrosos de Santo Domingo y se había convertido en un gran predicador. Sentí su buen ánimo, su energía al comunicar los principios que lo han ayudado a crecer. Sentí su lenguaje, su estilo y personalidad, y me di cuenta de que lo plasmado en este material le cambiará la vida a mucha gente de forma inevitable. Me siento orgulloso de mi amigo Randy y espero que, así como yo, usted también pueda conectarse con las verdades espirituales que están escritas en este libro.

Conferencista e influencer.

Félix Aquino

CONTENIDO

Capítulo V

INTRODUCCIÓN

Esta obra literaria surge de ciertas problemáticas que, a través de los años, he observado en el ministerio. He visto una iglesia que, más que trabajo en la obra, necesita conocer al dueño de la misma.

Este libro es especialmente para personas con ministerios y, aunque trae consigo una palabra alentadora, la intención es incomodar al lector para que sea aquello que Dios soñó. El plan original de este manual es causar reformas en los distintos ministerios y ministros que hoy en día son ricos, pero mueren de hambre.

Querido lector, en estas líneas hubiese podido plasmar una revelación "rompecabezas" que te dimensionara y te hiciera volar en lo sobrenatural, pero entendí que los problemas se resuelven cuando se va a la raíz. Es decir, no hay una "mega revelación" que te empodere cuando tus intenciones y motivos están completamente distorsionados del plan de Dios para ti.

¡Permíteme desafiarte! ¡Permíteme confrontarte!

Usualmente, estás acostumbrado a leer libros de "Autoayuda"; "Algún secreto para la bendición" o "Cómo salir de la pobreza en doce pasos", pero en esta ocasión, mi intención es incomodarte y provocar enmendar ciertas actitudes que todo hombre y mujer de ministerio tienen que trabajar.

He tenido la oportunidad de viajar a muchos países alrededor del mundo, y me ha dado cuenta de que la mayoría de los pastores están rezagados; han perdido la pasión por el ministerio. Tú, ¡cuídate de no caer en esa trampa! El día que pierdas la pasión por lo que haces, de nada valdría seguir caminando en el ministerio, porque lo que te impulsa a continuar es la pasión que tienes por lo que estás haciendo. Si ese momento llega, debes optar por una de dos: encender la llama que se apagó o simplemente rendirte.

Aunque por el título pensarías que el libro tiene que ver con finanzas, realmente no hablo de posesiones de manera directa; pero sí hay ciertos principios que te pueden enriquecer en todo el sentido de la palabra. Una persona rica es aquella que tiene mucho dinero en su haber, y una persona pobre es aquella que no tiene lo necesario para vivir dignamente. Esto es desde el ámbito social. Si lo trasladamos al fundamento de este manual, podemos ver que aquí, una persona rica representa a aquella que tiene un gran ministerio, a alguien que tiene un gran llamado; pero por su falta de enfoque y buenos motivos, vive como un pobre de hambre, porque tiene mucho por hacer en Dios, pero no hace nada. Es como cuando eres dueño de un huerto lleno de frutos y vegetales, pero mueres de hambre por no saber que esos frutos están disponibles para tu disfrute.

Entonces, quiero que pongas tu atención en lo que se desarrollará en este manual de vida, porque despertará tus sentidos para que puedas emprender de manera eficaz todo lo que llevas dentro de parte de Dios.

Considero a un rico, pero pobre de hambre, a esa persona que tiene un gran ministerio, pero tiene poca hambre por Dios. Es "pobre de hambre", porque el dinero, los beneficios, los aplausos, entre otras cosas, sustituyeron la búsqueda de Dios por cosas menos importantes. Por eso, alrededor de este libro, me verás confrontándote de una manera que provoque que vuelvas a encender el altar de Dios. Todo lo que estarás leyendo en los primeros capítulos te irán preparando para poder convertirte en un reformador de destinos. Idea que explico de manera detallada en el último capítulo de este manual.

¡Sí! ¡Lo sé! Lo acepto. Sé que te atrapó el título y esa era mi intención. Quizás el título generó en ti una curiosidad tan grande que te llevó a conseguir el libro a como diera lugar y a leerlo para ver qué sacaría yo de este título que, a simple vista para algunos, parece tan confuso, pero no lo es.

Por eso, te reto a que lo sigas leyendo, porque la explicación de lo que significa una persona "Rica, pero pobre de hambre" no está aquí en la introducción, esto es solo una pizca de todo lo que encontrarás en las siguientes hojas. Material que estoy seguro, sin temor a equivocarme, de que te bendecirá ¡hasta el ruedo de los pantalones!

Así que, ¡acompáñame a navegar en esta revelación poderosa! Que, aunque genere incomodidad al leerla, provoca cambios en la vida del creyente.

Capítulo I

ENFOCADOS EN SERVIR, NOS OLVIDAMOS DEL DIOS A QUIEN SERVIMOS

"Si alguno me sirve, sígame; y donde yo estuviere, allí también estará mi servidor. Si alguno me sirviere, mi Padre le honrará"
(Juan 12:26).

Muchas personas se desgastan físicamente sirviendo en el liderazgo. En ocasiones, hasta pierden el sueño. Se desvelan buscando nuevos proyectos, estrategias de crecimiento y consolidación, pero se olvidan de lo primordial: *"El motivo por el cual lo hacen"*. Es deprimente ver personas enfocadas en crecer como **ministerios**, pero no enfocadas en crecer como **ministros del Señor**, y ahí radica la crisis espiritual que azota hoy en día a las naciones. Necesitamos volver a subir a la montaña (de manera literal, si es necesario) para encender el fuego de Dios en nuestros corazones, renovar esa pasión por los perdidos, por edificar el pueblo de Cristo que hoy se ausenta en la mayoría de predicadores, adoradores y demás ministerios.

Si nos vamos a Las Escrituras, en el libro de **Juan 10:38-40**, encontraremos a Marta, una mujer enfocada en **servir** a Jesús, y también nos toparemos con María, una mujer enfocada en **contemplar** al Maestro.

> *"Nunca servir a Dios, estará por encima de poder contemplarlo".*

Tomaremos este texto bíblico para resolver posibles problemáticas que estamos experimentando en nuestros días. Reitero, mi intención no es señalar o mostrar lo que está mal en los ministros o iglesias alrededor del mundo, sino traer soluciones viables para el desarrollo y expansión del reino al cual pertenecemos.

De cuando Jesús llegó a la casa de estas dos hermanas (Marta y María), podemos apreciar dos posturas de pensamientos, dos diferentes actitudes, distintas maneras de ver la vida, y a su vez, de recibir la llegada de Jesús a su humilde hogar.

Nótese que quien recibe a Jesús es Marta y el texto (**Lucas 10:39**) agrega que "esta tenía una hermana llamada María". Al parecer, al principio, María no era relevante, simplemente era la hermana de alguien que invitó a Jesús a pasar a su casa, pero la actitud, pasión y anhelo de escuchar las palabras que salían de la boca del Maestro le dio un lugar importante.

Un gesto diferente puede atraer la atención de Jesús.

*** Más adelante, estaré desarrollando esta postura. Mientras, quiero que notes la diferencia de mentalidad que revelan estas dos hermanas. ***

Marta, al momento de la visita del Maestro, se enfocó en los quehaceres del hogar (en cierto sentido, es una falta de respeto que llegue una visita a tu casa y tú no le prestes la atención que merece, lo dejes en la sala esperando, mientras acondicionas la cocina o el baño). Entiéndase que Marta, aunque faltó con su proceder, tenía intenciones sanas y ciertos motivos correctos, porque ella estaba enfocada en que el Maestro viera la casa bien acondicionada y se llevara una buena impresión de que todo estaba en orden. A todos nos pasa, siempre estamos pendientes de cómo nos ven los demás y pues, cada vez que sabemos que nos llegará una visita, nos preocupamos por poner todo en su debido orden: limpiamos, arreglamos las cosas y tratamos de que todo luzca favorable para la ocasión, porque no queremos quedar como desordenados, sino como personas civilizadas, de modo que el visitante se sienta a gusto con nuestra casa y disfrutemos en paz.

Esas actitudes son las que vengo a atacar de manera directa: En un lugar está la "mentalidad de Marta", mentalidad que arropa a miles y miles de ministros y pastores que se enfocan en tener mega templos, hermosos y maravillosos, con tecnología de punta, y se desenfocan de mantener el fuego ardiendo en el altar; se olvidan que Dios sana al enfermo, que Dios restaura matrimonios, que Dios da vista a los ciegos, entre otras cosas. Su enfoque principal radica en los estereotipos de la época, aparentar ser un ministerio "perfecto" o una iglesia actualizada a los tiempos (entiéndase que todo esto está bien). De manera personal, creo en el *"iglecrecimiento"*, también en el avance de los tiempos y en implementar nuevas estrategias para alcanzar a una generación millennial y postmoderna, pero el problema está en el enfoque y en los motivos. Marta estaba enfocada en **servir y aparentar**; en cambio, María estaba enfocada en **contemplar y aprender**.

Esta mentalidad de Marta convierte al creyente en una persona rica, pero pobre de hambre, porque teniendo en su casa al autor de la vida, puso su interés y atención en cosas vanas. Marta representa a aquellos que prefieren hacer cosas para Jesús y rechazan estar con Jesús.

María representa a aquellos que dejan de hacer y prefieren estar con Jesús y contemplar su luz.

Marta era rica porque tenía a Jesús en su casa, pero pobre a la vez, porque no le dedicó el tiempo y la atención que el Maestro requería. Probablemente, tú estés bajo los efectos de esta mentalidad, te consideras rico porque tienes un gran ministerio con muchos seguidores, pero eres pobre a la vez, porque ¿de qué te vale tener un ministerio tan grande si eres poco efectivo en tu llamado?

El dicho *"Crea fama y acuéstate a dormir"* no aplica para los hombres de Dios, porque los ungidos no se pueden dormir en sus laureles. Si se descuidan y no se enfocan en su llamado, Dios levantará a alguien que sí quiera trabajar para Él, a alguien que sí quiera valorar a Jesús y su presencia; a alguien con la mentalidad de María, una mentalidad reformadora, que prefiere recibir los insultos de su hermana por no colaborarle con los quehaceres del hogar, antes de desaprovechar esta espectacular visita que le hizo Jesús a estas dos mujeres. ¡Cuídese de caer en esta postura errónea!

A lo largo de todo este libro, estaré presentando ciertos principios que te ayudarán a salir de la mentalidad de Marta y te ayudarán a obtener la mentalidad de María.

Reitero, creo en los avances, estrategias y nuevos métodos de crecimiento que implementan muchos ministros alrededor del mundo. Es evidente que la mayoría son efectivos y en algunos casos, nosotros, como Fextrema Internacional, utilizamos algunos de estos nuevos conceptos, modos y estrategias de cómo alcanzar a más personas para Cristo, y es mi oración que todo lector pueda entender el poder del equilibrio ministerial, el cual es necesario en este tiempo para tener un ministerio sólido y efectivo.

Marta tenía buenas intenciones, pero las aplicó en un momento inapropiado. Esa ocasión no era para dedicarse al aseo del hogar, puesto que había más tiempo para eso después. Esa oportunidad que se le presentó a Marta era para recibir algo del Maestro, pasar tiempo con Él, atenderlo, contemplarlo; pero como todos sabemos, no valoró a un cien por ciento la visita de Jesús que, probablemente, nunca en la historia de sus vidas se volvería a repetir.

Amado lector, quiero que sepas que hay escenarios donde surgen manifestaciones del Espíritu Santo que es probable que nunca se repitan y que, si no las atrapas en el momento, te perderás la bendición de ser promovido a un nuevo nivel de gloria. Por eso, Jacob entendía este principio y le dijo al ángel: *"Si no me bendices, no te vas"*. Porque él sabía que era el cambio de temporada de parte de Dios para su vida y el milagro que buscaba era en ese mismo instante y no lo dejaría pasar por alto.

¡No pierdas tu momento con Jesús! **Él es más importante que lo que haces. Él es la razón por la cual haces las cosas, solo que, enfocado en hacerlas, te olvidas del motivo por quién lo haces.**

¡Vuelve y enciende el fuego! Si es necesario, suelta este libro y enciérrate en tu habitación y dile a tu Dios: *"Si no siento tu Presencia, no salgo de aquí"*.

¡Vamos! ¡Te reto! Suelta el celular por varias horas y dile a Jesús: *"Estoy dispuesto a contemplarte"*.

¡Necesitamos reforma en el pueblo de Dios! Por generaciones, muchos de nosotros los predicadores vivimos bajo la mentalidad de Marta y esta es la que nos hace leer Las Escrituras de manera profesional, pero no de manera devocional; donde indagamos en la Palabra solo con el enfoque de bendecir a otros, pero no con la intención de ser edificados nosotros mismos; y **es imposible edificar a otros si primero nosotros no somos edificados por Dios.** Esto es una ley de conectividad: **Nadie puede dar lo que no tiene.** Aunque, en ocasiones, Dios nos utilice como vasos de honra sin nosotros estar en la condición óptima para ser usados por Él. No sé si te ha pasado, pero a mí me ha pasado y no entendía ese misterio. ¿Sabes? Recuerdo que un día me tocaba predicar en un evento especial, y había mandado a la lavandería una camisa blanca de mi hermano para ponérmela para el evento; pero a mi hermano no le agradó la idea y se enojó bastante, a punto tal de que me fue a pelear.

Ese día estaba ayunando, había orado más que nunca para que el Señor me usase con poder. Estaba en un estado de "santidad profunda" hasta que llegó mi hermano a discutir por su camisa (usualmente nos prestábamos cosas, como hermanos al fin. Yo le prestaba un par de zapatos un día; él un pantalón, otro día y todo era normal). La verdad, no sé por qué, en ese momento, él se molestó de esa forma, como endemoniado, literal...Y me quiso agredir. Lo más curioso del caso era que, mientras venía hacia donde mí, rompía utensilios de la casa. ¡Era algo inexplicable! Dije en mi voz interna: "Creo que le puse la mano a la camisa incorrecta".

Cuando llegó donde yo estaba, me empujó diciéndome una serie de groserías (mi hermano no es cristiano. Él es mayor que yo, aunque siempre he sido más alto que él). Resultar ser más alto me favoreció en ese momento, porque pude detener los golpes que me lanzaba y en cierto sentido, hasta correspondérselos. Cuando terminamos de pelear gracias a la intervención de nuestra madre, él se sentía satisfecho porque había peleado por sus intereses y no se había quedado de manos cruzadas; en cambio, yo me sentía destrozado, porque, en primer lugar, le había fallado a Dios y, en segundo lugar, no tenía nada limpio que ponerme.

Vinieron pensamientos a mí de no querer ir a predicar y esos tipos de sentimientos que llegan después de haber hecho algo mal; pero no me dejé ministrar del enemigo. Tomé la ropa más adecuada posible para el evento y me fui a llevar la palabra. Mientras los adoradores participaban, yo oraba fervientemente al Señor para que me perdonara y bendijera a los feligreses con una palabra. Les cuento que nunca Dios me había utilizado tanto como esa noche.

Más adelante, le llamé *"Fiesta de milagros y conversiones"*. Nunca había experimentado un momento de gracia tan decisivo, porque, aunque no estaba en mi mejor condición espiritual, Dios, por encima de eso, llevó a cabo su propósito: salvar vidas y edificar a su pueblo. Sé que esto no me da el derecho de sacar doctrinas de experiencias personales, pero pudiera decirte que peques todo lo que quieras, porque de todos modos, Dios te usará; pero el mandamiento es: *"Que seas santo, así como Él es Santo"*. Quizás te preguntes: *"¿Siempre estaré en santidad?"*, por lo que te responderé: No te lo aseguro; pero de lo que siempre estaré seguro es de que no importa las veces que falles, Él estará dispuesto a restaurarte y levantarte de dónde hayas caído, si sabes reconocer tu error.

Isaías 1:18 dice: *"Venid luego, dice el Señor, y estemos a cuenta: si vuestros pecados fueren como la grana, como la nieve serán emblanquecidos; si fueren rojos como el carmesí, vendrán a ser como blanca lana".*

Necesitamos conocer los beneficios de servir. El servir es un arte. Es la capacidad que tiene alguien de hacer de manera útil y humilde una cosa con esmero y dedicación.

Hoy en día, desconocemos la importancia de tener ese corazón de servicio en el ministerio, pero no debemos olvidar que ese servicio debe ir ligado con intimidad y entrega a aquel a quien se sirve. El más grande ejemplo de servicio lo hizo Jesús, **Mateo 20:28** dice: *"Así como el Hijo del hombre no vino para que le sirvan, sino para servir y para dar su vida en rescate por muchos".* Y este debería ser nuestro ejemplo: servir de manera desinteresada al Señor, sabiendo que, aunque no lo hacemos por recompensa, no quedaremos sin una.

Juan 12:26 dice: *"Quien quiera servirme, debe seguirme; y donde yo esté, allí también estará mi siervo. A quien me sirva, mi Padre lo honrará"*.

La intención de este es capítulo es para motivarte a tener un enfoque correcto concerniente al servicio, sabiendo que es más importante pasar tiempo con Dios, quien es a quien sirves. Que entiendas que servir, aunque a plena vista no se nota, te convierte en el más grande; **porque solo el que está capacitado para servir, está preparado para vivir.**

Marcos 9:35 dice: *"Entonces Jesús se sentó, llamó a los doce y les dijo: —Si alguno quiere ser el primero, que sea el último de todos y el servidor de todos"*.

Hablemos un poco de los que sirven en la iglesia como **ujieres**. Son aquellos encargados de asistir y ayudar a las personas de manera individual, en cualquier cosa que se le ofrezca. Tienen la responsabilidad de ser puntuales y comprometidos con la obra del Señor; también, tienen que transmitir paz y seguridad a la hora de ayudar a alguien. Los ujieres tienen la difícil tarea de procurar que nadie se golpee mientras esté recibiendo la llenura del Espíritu Santo. De esta costumbre, nace la famosa frase (utilizada usualmente por los evangelistas) **"ujieres pendientes"**, frase que se emplea para que los ujieres estén atentos a la posible manifestación del Espíritu Santo en medio de su pueblo.

Es lindo ver cómo estos ujieres trabajan unidos para salvaguardar la integridad física de los hermanos;

en lo personal, amo este ministerio porque, en su mayoría, son personas mayores y, aunque su condición física no sea la mejor, anhelan servir en la obra del Señor. Siempre están fervientes. Pero, al transcurrir los años, me he dado cuenta de que la mayoría de ellos son **ricos, pero pobres de hambre**, porque se enfocan tanto en servir y en hacer su trabajo, que en muchísimas ocasiones (para no decir que siempre es así) se pierden la impartición que Dios tiene para ellos.

Algunos, motivados por hacer las cosas para los hombres (lideres o pastores); otros, por hacer lo mejor para Dios, **olvidan el poderoso detalle de que servir no te puede quitar el deseo de contemplar y experimentar su presencia en medio del servicio a Él.** Felicito a todos aquellos servidores que, aunque están pendientes de su importante labor, siempre sacan un tiempo para glorificar a su Dios y recibir la impartición correspondiente que merecen como hijos de Dios.

En todo servicio para el Señor, hay que mantener un equilibrio ministerial para no perder el enfoque del por qué se hacen las cosas.

Considero que, si hay un ministerio dentro de la iglesia que necesita apropiarse de esta orientación espiritual, es el Ministerio de Alabanza o grupo de adoración; el Apóstol Pablo lo dijo bien claro en **Colosenses 3:23-24**: *"Y todo lo que hagáis, hacedlo de corazón, como para el Señor y no para los hombres..."*

porque a Cristo el Señor servís". Lamentablemente, tenemos muchos adoradores enfocados más en sus talentos y en los aplausos de la gente, que en exaltar el nombre de Dios y creo que, de manera radical, esto debería cambiar en el pueblo de Dios.

Los verdaderos adoradores no adoran solo cuando hay grandes escenarios o grandes ofrendas, sino que adoran en todo tiempo, porque cuando lo hacen, se sienten plenos y libres. Eso fue lo que le pasó a Pablo y a Silas en **Hechos 16:25,** donde dice: *"A eso de la medianoche, Pablo y Silas se pusieron a orar y a cantar himnos a Dios, y los otros presos los escuchaban".* Estos adoradores no estaban en las mejores condiciones para elevar una adoración al Padre, sin embargo, esto no fue limitante para exaltar al Rey de reyes y Señor de señores. Ellos sabían el poder que hay en la adoración y sus efectos instantáneos cuando se hace genuinamente. La adoración es uno de los actos proféticos con más promesas en Las Escrituras. **Jeremías 29:12** dice: *"Entonces ustedes me invocarán, y vendrán a suplicarme, y yo los escucharé".* Cuando estés en momentos de calamidad, clama a tu Dios y Él te librará del día malo. Vemos que en toda Las Escrituras la adoración nunca se tomó para generar beneficios materiales, sino para engrandecer el nombre de Dios.

Las preguntas que me surgen en estos momentos son: *¿Cuáles serían las intenciones que motivarían a los adoradores de este siglo a adorar al Señor? ¿Realmente están adorando en espíritu y en verdad, tal y como lo establece la Palabra?*

Para responder estas preguntas necesitamos explicar ciertos puntos claves para saber, exactamente, a qué se refería el Maestro con este enunciado que hizo. Para empezar, todos adoramos algo (desde el más mundano hasta el más religioso), todos los seres humanos tenemos algo o a alguien que representa mucho en nuestras vidas, que sustrae de nosotros adoración hacia ello. Muchos adoran a Dios, otros adoran el dinero, etc.; al final, todo lo que hacemos tiene una fuerza impulsadora que nos motiva y nos incita a adorar o a venerar a aquello que nos emociona y nos conforta.

Cada quien tiene su manera de adorar a Dios, todo varía conforme a la cultura en la que nos toque desarrollarnos.

Ahora bien, tenemos que tener claro que, si vamos adorar a Dios, tenemos que aplicar su exigencia, la cual es adorarle **en espíritu y en verdad**; porque estos son los adoradores que Dios anda buscando. ¿Lo recuerdas? **Juan 4:23**, *"Mas la hora viene, y ahora es, cuando los verdaderos adoradores adorarán al Padre en espíritu y en verdad; porque también el Padre tales adoradores busca que le adoren".*

Aquí la problemática es la siguiente: Los samaritanos y los judíos tenían diferentes lugares para la adoración; los judíos adoraban en Jerusalén y los samaritanos en el monte. Vemos que la mujer está fijando la adoración a un lugar geográfico y Jesús quiere enseñarle que la adoración va más allá de un lugar específico, que no se trataba de las posiciones geográficas, sino más bien, de la condición espiritual de cada individuo. Si el texto dice que Dios anda buscando adoradores que **adoren en espíritu** es porque hay algunos que **adoran en la carne**. Si dice que estaba buscando adoradores que **adoren en verdad**, es porque hay adoradores que **adoran de mentira**. Estos tipos de personas son de *la boca pa' fuera* (como decimos popularmente en mi tierra) porque levantan sus manos y cierran sus ojos, pero sus mentes no están en la adoración, sino en las preocupaciones personales.

Por eso, se requiere adoradores que adoren genuinamente, más allá de los estereotipos creados en estos tiempos modernos, donde hay una supuesta "**cultura worship**" que te dice cómo debe vestir un adorador, cómo debe hablar, e incluso, qué peinado tiene que utilizar para convertirse en un "verdadero adorador". Igual que la mujer samaritana, estamos sectorizando la adoración a "métodos", "formas" y "estilos", cuando la adoración tiene un solo lenguaje y es el **lenguaje de la genuinidad**, manera que te permite hacer las cosas para Dios con todo tu corazón, porque ese tipo de adoración es la que Dios acepta.

Como este libro es para todo el que tiene ministerio, no quería pasar por alto esta parte referente a la adoración, porque es uno de los ministerios más fundamentales en la grey del Señor y amerita que los que adoren tengan 'buenas intenciones' antes que tener 'un gran talento', **porque talento tiene cualquiera, pero no cualquiera adora en espíritu**

y en verdad, ya que para esto, se precisa tener humillación y morir al 'yo'. Aquí, tú no buscas que te vean o admiren tu hermosa voz angelical, sino crear una atmósfera de gloria, que todo el que te escuche adorar pueda tener acceso al trono y comunión con Dios.

> *Los verdaderos adoradores adoran por pasión,*
> *no por sus intereses personales.*

Aunque bien es cierto que cada acción responde a un interés, ese interés tiene que ser **provocar exaltación al Dios de los cielos** a través de nuestra adoración y nuestra manera de vivir. Porque no debemos confundirnos, la *adoración* 'no solo es cantar', más bien, tiene que ver con el **comportamiento de cada persona**: su manera de atravesar dificultades y la forma en la que superan pruebas y fracasos. Todos estos pequeños detalles tienen que ver con la adoración a Dios.

Isaías 29:13 expresa: *"Dice, pues, el Señor: Porque este pueblo se acerca a mí con su boca, y con sus labios me honra, pero su corazón está lejos de mí, y su temor de mí no es más que un mandamiento de hombres que les ha sido enseñado".*

De nada nos sirve intentar engañar a Dios cuando Él es quien escudriña los corazones y sopesa nuestras intenciones. He conocido adoradores que, cuando están parados en el altar, dicen: *"Vamos a cantar esta adoración para la gloria y honra del*

Eterno". Pero al bajar de ahí, les preguntan a sus compañeros: *"Dime, ¿Cómo lo hice? ¿Les gustó? ¿Rompí?"*. Porque, realmente, la intención nunca fue perfumar el trono de Dios y provocar que los veinticuatro ancianos se detuvieran para que su adoración fuera oída, sino demostrar que tienen talento y deleitar a los oyentes con su dulce y suave voz.

Por eso, siempre he estado en contra de esa línea de pensamientos que quieren introducir en nuestras mentes adrede: *"El adorador tiene que cantar bonito porque es para Dios que lo está haciendo y a Dios hay que darle lo mejor"*. ¡Ok! A Dios hay que darle lo mejor; el problema radica en que ellos cantan hermoso, pero lo que hacen no es para Dios, simplemente, de labios le honran y sus corazones están muy lejos de querer agradarle.

¡OJO! No estoy en contra del talento, porque creo que es algo primordial en el ministerio en que nos desarrollemos; pero más que 'hacer las cosas bien', hay que 'hacer las cosas de corazón', genuinamente. Lo sé, quizás muchos de ustedes dirán: *"Randy canta feo y quiere crear una postura para apoyar su falta de talento y que sea bien vista por todos"*. Pero créanme que no es así (aunque reconozco que canto súper horrible), la última vez que intenté cantar en la ministración mientras predicaba, algunas personas se acercaron a mí cuando terminó mi participación y me dijeron: *"Varón de Dios ¡Por favor! enfóquese solo en predicar"*. Cosa que, aunque fue en tono de broma, de una u otra manera, me hizo sentir mal y quizás a muchos adoradores que tienen el llamado, pero no el talento, les ha pasado lo mismo.

Quiero que sepas que tienes que seguir perfeccionándote y tratar de hacerlo mejor cada día.

La voz es algo que se puede trabajar y mejorar. No escuches esas voces que te dicen que te dediques a otra cosa; "no es lo tuyo"... "al final, en estos caminos, lo que cuenta es la intención con la que haces las cosas". He conocido personas que, quizás no lo hace muy bien, pero cuando adoran, desciende una nube de gloria, porque lo hacen para Dios, con el corazón; mientras que otros tienen una excelente voz, pero son más *marketing* que 'adoración', porque lo hacen solo para generar beneficios y aplausos. **¡Cuídate de caer en esa trampa!**

No todo el que canta bonito canta para Dios y lo hace en espíritu y verdad, pero... si de ti dependiera poder hacerlo mejor educando tu voz, no te quedes en la zona de confort diciendo: *"Si lo hago para Dios, no importa que suene feo"*, y poner esta excusa como apoyo a tu falta de determinación.

¡Querer es poder! Invierte tiempo, sudor y lágrimas en todo lo relacionado a tu llamado.

Es correcto que a Dios se le da lo mejor, y no solo se trata de buenas intenciones, más bien, de una *adoración* complementada de ambas cosas: una voz hermosa y una pasión excepcional por alabar su Santo Nombre.

Juan 4:24 dice: *"Dios es espíritu, y quienes lo adoran deben hacerlo en espíritu y en verdad".*

Sé que es un tema delicado y que tendríamos que tomar otro libro para hablar de todas estas problemáticas que vemos en la iglesia que nos convierten en personas con grandes ministerios, pero carentes de una relación con Dios. Creo fielmente que estas líneas crearán conciencia en la vida del lector, provocando un cambio genuino, pasando de ser un rico, pero pobre de hambre, a alguien **ricamente efectivo en su llamado**.

Capítulo II

EL PODER DEL EQUILIBRIO MINISTERIAL

"Como entristecidos, mas siempre gozosos; como pobres, mas enriqueciendo a muchos; como no teniendo nada, mas poseyéndolo todo"
(2 Corintios 6:10).

Comenzaremos este capítulo definiendo la palabra 'equilibrio', **se trata de cuando un cuerpo contrarresta la suma de todas las fuerzas y momentos que actúan en él**. Proviene del latín *aequilibrĭum*, que se compone de "**aequus**", que significa '**igual**', y "**libra**", '**balanza**'. Decimos que alguien o algo están en equilibrio cuando, a pesar de tener poca base de sustentación, se mantiene de pie sin caerse. En este sentido, sinónimos de equilibrio son contrapeso, compensación o estabilidad.

Partiendo de esta definición, entendemos que lo que cada representante competente del Nuevo Pacto necesita es estabilidad para contrarrestar las artimañas de su oponente, porque las fuerzas adversas pueden causar desequilibrio espiritual en los ministros, sembrando en ellos orgullo, intenciones desviadas o abuso de autoridad sobre las personas que ministran. De estos últimos, tenemos que cuidarnos, porque ejercen dominio y presión sobre los demás, manipulándoles para conseguir los fines deseados: controlar la voluntad de los sencillos y simples.

Efesios 4:14 dice: *"Para que ya no seamos niños fluctuantes, llevados por doquiera de todo viento de doctrina, por estratagema de hombres que para engañar emplean con astucia las artimañas del error".*

Para llegar a ser como **Efesios 4:14** nos señala, hay que guardar el corazón, examinándolo a menudo, porque de él mana la vida **(Proverbios 4:23)**; ya que es un asiento para la conciencia reflexiva.

Salmos 139:23-24 dice: *"Examíname, oh Dios, y conoce mi corazón; pruébame y conoce mis pensamientos; y ve si hay en mí camino de perversidad y guíame en el camino eterno".*

Miremos algunas de las señales que pudieran mostrar signos de salirse de la calzada.

Hay que vivir para ser 'el mejor' en todo lo que podamos desarrollar, porque **la excelencia es de Dios.** Creo personalmente que día tras día tenemos que luchar para ser mejores ministros, pastores, líderes, predicadores, adoradores y tener esa visión y determinación de querer hacerlo bien para Dios, sin perder el enfoque divino.

El poder del equilibrio te permite tener mucha pasión por ver tu iglesia crecer, y al mismo tiempo, mucha pasión para que el altar se mantenga encendido, de manera que no pierda la esencia y mover del Espíritu Santo.

En la actualidad, vemos ministros alrededor del mundo enfocados en ser grandes, pero no eficaces.

Ahí radica uno de los principales problemas de nuestros tiempos: **queremos ver estadios llenos, pero no queremos ver vidas restauradas,** es asunto más de estadísticas que de vidas transformadas.

Esta generación necesita una perspectiva diferente y sanos motivos; tenemos que estar enfocados en lo que Cristo, en su paso por la tierra, se preocupó por hacer. Su meta no era ser conocido ni mucho menos sacar beneficios de sus dotes sagrados, sino ver vidas transformadas: encontrar a un Pedro **pescador de peces** y convertirlo en un Pedro **edificador de Iglesias**, encontrar a un Saulo **perseguidor de la Iglesia** y convertirlo en un Apóstol **reformador e influyente**.

Jesús es nuestro mayor ejemplo en todo esto, porque era alguien digno de admirar, respetaba las leyes de su época como un ciudadano ejemplar. **Lucas 20:25** dice: *"Entonces Él les dijo: Pues dad al César lo que es del César, y a Dios lo que es de Dios".* Pero también confrontaba la tradición cuando era necesario.

Mateo 12: 1-8 dice: *"Por aquel tiempo Jesús pasó por entre los sembrados en el día de reposo; Sus discípulos tuvieron hambre, y empezaron a arrancar espigas y a comer. Cuando los fariseos lo vieron, dijeron: «Mira, Tus discípulos hacen lo que no es lícito hacer en el día de reposo». Pero Él les contestó: «¿No han leído lo que hizo David cuando él y sus compañeros tuvieron hambre, cómo entró en la casa de Dios y comieron los panes consagrados, que no les era lícito comer, ni a él ni a los que estaban con él, sino solo a los sacerdotes? ¿O no han leído en la ley, que en los días de reposo los sacerdotes en el templo profanan el día de reposo y están sin culpa? Pues les digo que algo mayor que el templo está aquí. Pero si ustedes hubieran sabido lo que esto significa "Misericordia quiero y no sacrificio", no hubieran condenado a los inocentes. Porque el Hijo del Hombre es Señor del día de reposo.*

Jesús mantenía un constante **equilibrio ministerial** del que todos los predicadores tenemos que aprender; estaba más enfocado en **llevar** que en **recibir**; un hombre con su asignación bien definida, donde nada le llenaba los ojos y nada lo desequilibraba. ¡Qué bueno sería que los grandes hombres de Dios de estos últimos tiempos tuviéramos la habilidad de mantener tan ejemplar equilibrio ministerial! Porque, lamentablemente, cualquier comentario negativo que hagan referente a nosotros, nos saca de quicio y queremos hasta defendernos con nuestras propias manos. Cuando nuestro mayor ejemplo es el Hijo de Dios, vemos que Él nunca intentó defenderse; Él sabía que lo que cargaba iba a crear ese tipo de reacción que, usualmente, la gente tenía al momento de escucharlo, al punto de llamarlo 'blasfemo'. Sin embargo, Él se mantenía sobrio y tranquilo e incluso, clamaba a favor de ellos para que no le fuera tomado como pecado.

Creo fielmente que necesitamos personas maduras hoy en día en nuestras iglesias, capaces de escuchar el punto de vista de otros, sin tener que discutir o pelear solo porque los demás no piensan como nosotros.

Cada ser humano sobre la tierra tiene un trasfondo de vida diferente y, por tal razón, una perspectiva distinta de cómo ver las cosas. No podemos obligar a los demás a que crean lo que nosotros creemos, porque cada quien habla y actúa de acuerdo con su concepción. Tenemos que aprender a responder exponiendo nuestro mayor potencial que yace dentro de cada uno de nosotros y cumpliendo nuestra asignación divina, **aunque los que nos rodean no estén de acuerdo con nuestro llamado**. A esta actitud le llamo enfoque y equilibrio frente a una generación en conflicto.

El mundo experimenta caos y solo una generación que sepa quién es en Dios, va a ser influyente en estos últimos tiempos. Una generación que requiere vivir humillada ante Dios y consagrada a niveles extremos; preparados en cuanto a Las Escrituras para poder ser respuesta en una época de preguntas, donde tú y nadie más que tú, seas la respuesta de Dios. Y ¿sabes lo único que necesitas? **Equilibrio ministerial,** teniendo en cuenta estas palabras de **1 Corintios 10:12**, que dicen: *"Así que, el que piensa estar firme, mire que no caiga".*

Actualmente, mientras escribo estas líneas, el mundo está atravesando por una pandemia, un virus conocido como: Coronavirus o Covid-19, también llamado Virus mortal.

La **OMS** (Organización Mundial de la Salud) decretó distanciamiento social y cero conglomeraciones de personas (dígase conciertos, eventos, iglesias, discos, estadios, entre otras actividades que requieren la acumulación de personas). Por esta razón, las iglesias cerraron sus puertas hasta que pase la pandemia. Debido a este suceso, los pastores se vieron obligados a transmitir 'en vivo' los servicios, por las diferentes plataformas digitales (Facebook, YouTube, Instagram y demás). Pastores que criticaban estos medios, ahora han tenido que utilizarlos para mantener a su grey activa, orando e intercediendo, dejándonos una gran enseñanza y lección de vida: **"Nunca podemos criticar lo que desconocemos".**

Esta pandemia ha hecho que amigos (colegas) comenzaran a transmitir en sus plataformas sociales una especie de **'congresos virtuales'**, cuyo procedimiento es: Uno comienza la transmisión y le hace la invitación a otros para exhortar la Palabra y responder algunas preguntas de personas que, en medio de todo esto, se han cuestionado una y otra vez: **¿Dónde está Dios? ¿Por qué está permitiendo que murieran tantas personas inocentes?**, entre otras. Los ministros responden de manera sabia y edificante a sus interrogantes y las personas han sido confortadas.

Hasta ahí todo iba bien, pero luego comencé a notar (como observador al fin) que la mayoría de ministros solo invitaban a transmitir a quienes tuvieran la misma cantidad de seguidores que ellos o a alguien que los duplicara en seguidores (famosos y relevantes). Empecé a darme cuenta de que nadie transmitía con colegas que no tenían el mismo nivel social, espiritual y, en cierto sentido, económico; por lo que comencé a preocuparme, porque llegué a la conclusión de que esos que, en un principio estaban bendiciendo masas y edificando a otros, habían perdido el **'equilibrio ministerial'**, priorizando el enfoque en los beneficios personales que generaba este tipo de actos y no en que la gente fuera edificada, o más bien, que el evangelio fuera anunciado. Sus motivos se desviaron.

*** Más adelante hablaré acerca de los 'motivos correctos e incorrectos' que frecuentemente se ven en las iglesias y que, de una u otra manera, esta generación tiene que eliminar y erradicar de su sistema para que no cometan los mismos errores que la generación que la antecedió. ***

Confieso que, en ocasiones, me vi en la obligación de transmitir con amigos que, aunque no necesariamente tenían más seguidores, yo optaba por transmitir con ellos; y admito que no me sentía contento, porque muy adentro de mí sabía que no estaba generando nada (seguidores) y por eso, muchas veces, hacía estos 'en vivo', pero terminaba rápido. (Digo esto porque quiero que sepan que no me estoy excluyendo de todo esto, y escribo estas líneas porque fue tan fuerte la represión del Espíritu Santo a mi vida, que entendí que **'nunca los beneficios personales pueden estar por encima de tu propósito'**).

El mundo tiene hambre de saber qué dice Dios y todos nos creemos bocinas de Él, explicándole a la gente "según nuestra experiencia y nuestro punto de vista" lo que "supuestamente decía Dios acerca de todo esto".

Enfocados por hablar en nombre de Dios, nos desenfocamos en hablar con Él, pues la gente quería escuchar palabras de Dios y nosotros estábamos dispuestos a dárselas, aunque nuestra intimidad con el Señor estaba desecha, porque teníamos tiempo para hablar de Él, pero no para pasar tiempo con Él en el secreto, tal y como su Palabra lo establece en **Mateo 6:6:** *"Pero tú, cuando ores, entra en tu cuarto, cierra la puerta y ora a tu Padre que está en secreto; y tu Padre, que ve en lo secreto, te recompensará en público"*

Por eso, a todos nos pasó como a **Job** y a sus sabios amigos: cada uno tenía un punto de vista referente a lo que estaba pasando, pero ninguno de ellos acertó en sus palabras, porque ellos tenían una ideología errónea, donde entendían que las calamidades que estaba atravesando **Job** eran producto de su pecado o alguna mala acción que él había cometido en secreto. Estos que eran considerados sabios no tuvieron la capacidad de hacer silencio frente a esta situación y optaron por buscarle una respuesta o un porqué al padecimiento de Job, sacando conclusiones apresuradas en vista de su calamidad. El primero de estos sabios era **Alifas**, quien consideraba que Job había sido de fortaleza para muchos, pero al final de su discurso decidió culpar a Job de su sufrimiento, y le dijo: *"Recuerda ahora, ¿Quién siendo inocente ha perecido jamás? ¿O donde han sido destruidos los rectos? por lo que yo he visto, los que aran iniquidad y los que siembran aflicción, eso siegan"* **(Job 4:7-8)**. Los siguientes amigos del hombre paciente se pronunciaron con opiniones semejantes a estas, pero con diferentes palabras, acreditándole la culpa al mal comportamiento de Job como causante de su desgracia **(Job 8:20) (Job 11:14-15, 17)**.

Ellos estaban deduciendo algo conforme a lo que veían de Job, pensando que tenían razón: *"Dios solamente envía dificultades a las personas malvadas". "Si usted ha sufrido una calamidad, entonces tenía una vida llena de actos negativos".* Es lamentable saber que algunos creyentes acepten esta ideología errónea... Es una postura teológica que expresa que: *"Dios bendice solo aquellos que son fieles y somete a duros procesos aquellos que constantemente le fallan"*, y aunque hay ciertos textos en Las Escrituras que pudieran ser interpretados en apoyo a esta postura, estamos convencidos de que no es la única manera de Dios obrar. Es obvio que cada acción traerá consigo una reacción, es la ley de causa y efecto, lo mismo que sucedió con Sodoma y Gomorra **(Génesis 19:1-29)**.

Esta postura no es completamente antibíblica. Hay muchos casos en los que Dios envía calamidades como un castigo, resultado de la desobediencia, como lo hizo en Sodoma y Gomorra. Cristo mismo dejó bien claro que el desastre no es necesariamente una señal del castigo de Dios **(Lucas 13:4)**. Pero, si esta postura teológica fuera cierta, entonces los amigos de Job, de igual manera, hubiesen estado equivocados, porque todos sabemos que Job era un hombre recto, según **Job 1:8; 2:3**. Los amigos de Job realmente no sabían de lo que estaban hablando, ellos desconocían el misterio de su sufrimiento, y en vez de hacer silencio frente a esta situación, decidieron ayudarles, tratando de buscar un por qué a algo que ellos nunca llegarían a entender. Tenían buenas intenciones, pero un pésimo concepto concerniente a la calamidad del hombre de Dios.

Hay misterios en Dios y muchos de nosotros no entenderemos sus maneras de obrar en algunas ocasiones. Se nos hace difícil comprender la forma de operar del Eterno; pero tenemos que estar seguros fervientemente de que no importa qué tan grande sea nuestra adversidad, el Señor está obrando a nuestro favor, conforme lo establece en su Palabra en **Romanos 8:28**, donde se expresa: *"Y sabemos que para los que aman a Dios, todas las cosas cooperan para bien, esto es, para los que son llamados conforme a su propósito"*

¡Créanme! Sé lo difícil que es ver a un amigo pasar por dificultades en frente de tus ojos y permanecer callado, pero muchas veces, **guardar silencio ante algo que no entiendes es la mejor respuesta**. Nuestro instinto es investigar qué salió mal e identificar una solución. Además, creemos que podemos ayudarlo a eliminar la causa de su aflicción y volver a la normalidad lo más pronto posible.

Es interesante ver cómo a nosotros se nos hace fácil buscarle una razón al padecimiento, sea correcta o incorrecta, antes que aceptar el misterio que yace dentro del sufrimiento.

Tenemos que reconocer que estos amigos de Job eran sabios, gente que cargaba altos niveles de sabiduría, simplemente que no supieron percibir lo divino en medio de todo esto, y si ellos sucumbieron ante esta tentación de hablar sobre lo que ellos pensaban, sería erróneo creer que nosotros no hubiéramos actuado igual, si hubiéramos estado en el lugar de ellos. A veces, nosotros, con buenas intenciones, con nuestras respuestas al proceso de otros, caemos en la terrible trampa de blasfemar, buscándole un por qué a algo que desconocemos, y les decimos: *"No hay mal que por bien no venga"*, *"es parte de plan de Dios"*, o *"Dios nunca permite más calami-*

dades de las que cada uno puede soportar". **¡Qué arrogante de nuestra parte creer que sabemos cuál es el plan de Dios en el proceso de los demás!** Si ni siquiera conocemos la razón de nuestra propia calamidad. Sería más genuino y mucho más útil admitir: *"No sé por qué te ocurrió esto. Quisiera que nadie tuviera que pasar por algo así"*. Si somos capaces de hacer esto y seguir acompañando, nos podemos convertir en intermediarios de la compasión de Dios. Aunque yo, de manera personal, recomiendo hacer silencio cuando Dios calla y hablar solo cuando Él lo autorice.

Capítulo III

MOTIVOS CORRECTOS

"Y todo lo que hagáis, hacedlo de corazón, como
para el Señor y no para los hombres"
(Colosenses 3:23-24).

Fue mi primera vez en un avión, quería tomarme una foto para que todos la vieran (y así tener una evidencia de que "Dios estaba conmigo", porque me estaba llevando a las naciones a predicar su Palabra), pero mi celular estaba descargado, así que, rápidamente, saqué mi Tablet para tomar la foto, y mientras lo hacía, el Espíritu Santo ministró a mi vida las siguientes palabras: ***"Procura desde hoy que no sean las fotos que subes a las redes sociales las que hablen por ti, sino la manifestación de mi Presencia cuando llegues a un lugar a exponer mi Palabra. Recuerda, esto no se trata de ti, se trata del Reino".*** Desde ahí entendí que, aunque somos figuras públicas y mucha gente sigue nuestro ministerio, nuestro enfoque siempre tiene que ser que ellos, además de ser edificados por la Palabra, entiendan que **la gloria siempre será de Dios.**

Vivimos en un tiempo donde todos queremos ser 'relevantes', todos queremos ser escuchados, ser una voz como Juan el Bautista. El problema de esta generación es que tiene **motivos incorrectos,** porque Juan era una voz que clamaba en el desierto, pero su ministerio estaba lleno de **buenos motivos.** Él siempre dejaba bien claro que simplemente era un preparador del camino, nunca se proclamó "el Mesías" a pesar de la creciente influencia que tenía en su tiempo, sino que entendió su rol; por eso, fue efectivo en su llamado.

Juan 1:22-23 dice: *"Entonces le dijeron: ¿Quién eres?, para que podamos dar respuesta a los que nos enviaron. ¿Qué dices de ti mismo? Él dijo: Yo soy LA VOZ DE UNO QUE CLAMA EN EL DESIERTO: ENDEREZAD EL CAMINO DEL SEÑOR, como dijo el profeta Isaías.*

Serás efectivo en tu llamado cuando entiendas que todo lo que haces, todo lo que obtienes, todo lo que logras en el ministerio, no es el fin, sino el medio para que la Palabra siga siendo expandida en las naciones de la tierra.

El Apóstol Pablo tenía claro su propósito y bien definido su llamado, es por eso que cumplió su asignación expresando en **2 Timoteo 4:7**: *"He peleado la buena batalla, he acabado la carrera, he guardado la fe".*

¿CUÁLES SON TUS MOTIVOS?

Todo lo que hacemos en la vida, lo hacemos por algún motivo. Es decir, detrás de cada acción, hay una intención que puede ser positiva o negativa. El eje central de este capítulo es poder crear conciencia, confrontación y liberación en las vidas de las personas que por años han estado engañados y, por ende, engañando a las personas que los rodean. A principio de cada ministerio, las palabras que abundan son justas y espirituales, pero luego de llegar a gran posición en el ministerio, vemos que estas van cambiando. Ahora entiendo uno de los grandes dichos dominicanos: *"El político es serio hasta que llega al poder".* Porque luego de alcanzar cierta posición, los motivos cambian; ya lo que nos impulsa a hacer las cosas no es la pasión por ver vidas salvadas o familias restauradas, sino el beneficio personal que genera cualquier ministerio exitoso.

Con eso quiero ser bien equilibrado, porque no estoy en contra de que Dios prospere sus ministros y los bendiga con mucha riqueza, popularidad y fama; estoy completamente a favor de que eso suceda en la vida del hombre de Dios, en lo que difiero es en la actitud que tomamos luego de alcanzar ciertas cosas.

Es como si la pasión se fuera perdiendo, la oración menguara y la conexión con Dios se deteriorara; porque lo que antes nos encendía en fuego, ahora es sustituido por el placer acogedor de las bendiciones a destiempo. Eso fue lo que pasó con a Giezi, que no entendió que Dios tiene un tiempo para todo (hasta para prosperarte), porque Dios es un Dios de orden, Él primero te prepara para la bendición y luego te la entrega. Esas son leyes espirituales que hay que tenerlas bien presentes.

*** Estaré hablando de esto más adelante. ***

Para tener éxito en la enseñanza que nos lleva a hacer discípulos, no hay nada más importante que tener los motivos correctos para hacerlo. Cuando alguien está en el ministerio por las razones erróneas, hará cosas desacertadas. Esta es la primera razón de por qué hay falsas enseñanzas y sin balance en la iglesia de hoy.

Cuando el motivo del ministro es ganar popularidad, tener éxito ante los ojos de otros o hacer mucho dinero, está destinado a fallar ante los ojos de Dios.

Lo más triste es que puede alcanzar su meta de ganar popularidad, tener éxito ante otros o acumular mucho dinero, pero llegará el día cuando él y sus motivaciones erróneas estén expuestos frente al juicio de Cristo y no reciba ningún reconocimiento por su trabajo.

La palabra 'motivos', según el diccionario de definición ABC, se refiere a "**aquella cuestión, razón, cir-**

cunstancia, entre otras alternativas, que mueve a alguien a hacer algo o que provoca tal o cual acción". Es decir, es la razón que mueve a alguien a hacer algo. Viendo esta definición, me surge una pregunta: **¿Qué está motivando a esta generación a predicar el Evangelio de Jesús?** Porque cuando comencé el ministerio, el hambre que tenía por ser usado por Dios era más grande que cualquier otra cosa. Sentirme ungido y útil para el Señor era lo que me llenaba, pero, de repente, todo cambió y fue cuando la gente comenzó a notar que Dios me usaba o que el mensaje que predicaba les ministraba de tal manera, que sus halagos engordaban mi ego, haciéndome sentir superior a los demás.

Creo, de manera personal, que una de las razones por las que los grandes hombres de Dios terminan hundidos en la arrogancia es por la manera cómo los endiosan, enfocándose en sus dones y no en quién se los dio; en los milagros, en la forma como este obra, pero no en el que los provoca. Aunque bien es cierto que no tiene nada de malo que la gente te halague y te diga palabras bonitas en el ministerio, esta acción es un tanto peligrosa porque, si no se tiene un punto de quiebre diario, donde día tras día mueres a tu yo, a tu ego, **sería un arma muy sutil en contra de tu llamado y ministerio.**

Quiero que sepas que el resultado de ser fiel a Dios es su respaldo, y tener el respaldo de Dios genera bendiciones de esas que sobreabundan, tal y como lo dice en su Palabra, en **Jeremías 29:11**: *"Porque yo sé los pensamientos que tengo acerca de vosotros, dice el Señor, pensamientos de paz, y no de mal, para* *daros el fin que esperáis"*. La intención de Dios referente a ti es bendecirte y prosperarte, pero antes de que esto pase, serás puesto en un proceso de transformación integral **para que, cuando lleguen las bendiciones, puedas saber retenerlas y administrarlas de la manera más sabia posible.** En Las Escrituras hay una historia que me bendice bastante y es la historia de **José**, un joven que representa la generación procesada por Dios para escalar altos niveles de gobierno. Si hubo algo que mantuvo a José con vida en medio de sus múltiples calamidades fueron estos dos aspectos: 1) El Señor estaba con él. **Génesis 39:21**: *"Pero el Señor estaba con José y le extendió su misericordia, y le dio gracia en los ojos del jefe de la cárcel"*. 2) Tenía un corazón lleno de motivos correctos, porque a pesar de que sus hermanos lo intentaron matar y le dieron la espalda, el hombre pudo llegar a perdonarlos. **Génesis 50:21:** *"José perdona a sus hermanos"*. Este muchacho tenía las cualidades de un reformador de destino.

Más adelante estaré desarrollando este término.

Pero quiero que, en esta ocasión, nos delimitemos en el gran corazón que poseía este maravilloso joven que, pudiendo ser motivado por el deseo insaciable de venganza, fue motivado por ver realizado lo que un día soñó. José, por tener **motivos correctos**, alcanzó altos lugares de reinado, y es lo que pasará contigo, querido lector, si desde este mismo instante comienzas a trabajar en tus adentros, haciéndote una introspección y reparando todo lo que sabes que está mal ante los ojos del Señor.

Vivimos en la era de los 'estereotipos', donde lo que importa es lo de afuera, lo visible, lo palpable, a lo que yo llamo: **"La generación de la metamorfosis"**. Son aquellos que vienen a Jesús y reciben cambios externos, pero no cambios internos; **cambian su manera de vestir, pero no cambian su manera de vivir**.

Tú te preguntarás por qué le llamo la generación de la metamorfosis. Primero, comencemos definiendo la palabra según el diccionario, donde dice que:

> *El término **metamorfosis** proviene del latín 'metamorphosis', que, a su vez, deriva de un vocablo griego que significa 'transformación'.*

El sentido más preciso de la palabra, por lo tanto, hace referencia a la mutación, la evolución o el cambio de una cosa que se convierte en otra diferente.

Esta definición nos muestra que esta palabra está relacionada a cambios físicos o visibles, pero no internos, y aunque los cambios físicos son beneficiosos en ciertas ocasiones, en el ámbito espiritual, carecen de relevancia. En el ámbito natural, para la salud, son muy importantes, por ejemplo: pasar de ser una persona obesa a ser una persona delgada, pasar de una persona pobre a una persona rica, entre otros.

Pero nosotros, como cuerpo de Cristo, lo que necesitamos son cambios internos, que nos hagan mejores creyentes. A esto le llamo "**La generación de cambios internos**". Esta es la generación que experimenta metanoia.

Según Wikipedia, la enciclopedia libre, **Metanoia** proviene del griego μετανοῖεν, metanoien, cambiar de opinión, arrepentirse, o de meta, más allá y nous, de la mente. Es un enunciado retórico y teológico, su significado literal del griego denota una situación en la que en un trayecto ha tenido que volverse del camino en que se andaba y tomar otra dirección. También retóricamente utilizado para retractarse de alguna afirmación realizada y corregirla para comentarla de mejor manera.

Esta, a mi entender, será la generación aprobada por Dios para llevar su Palabra a las naciones. Las Escrituras están llenas de personajes que, más que un cambio físico, experimentaron un cambio interno. Uno de ellos es Pedro, un hombre con un fuerte carácter, que de manera impulsiva, en una ocasión, le arrancó una oreja a uno de los que fue en busca del Maestro, **Juan 18:10**: *"Entonces Simón Pedro, que tenía una espada, la sacó e hirió al siervo del sumo sacerdote, y le cortó la oreja derecha. El siervo se llamaba Malco".*

Aunque Pedro tenía una buena intención (que era defender a Jesús), tenía un motivo incorrecto (arrancarle la oreja a Malco). Pedro quiso cumplir su anterior promesa de defender a Jesús a toda costa. **Mateo 26:35** dice: *"Pedro le dijo: Aunque me sea necesario morir contigo, no te negaré. Y todos los discípulos dijeron lo mismo",* pero la impulsiva acción de Pedro tenía más probabilidades de ponerlo en serios problemas, tanto a él como a sus compañeros, que de hacer algún bien a su Maestro, pero Dios siempre tiene el control de todo y los libró de ese mal, haciendo un milagro en la vida de Malco "devolviéndole su oreja". Aquí vemos que Pedro no era tan bueno que digamos. Sin embargo, el poder del Espíritu Santo obró de tal manera, que ese luchador impulsivo, más adelante, producto de un cambio interno, se convirtió en un ardiente evangelista y un apóstol de mucho peso para su época y nuestros tiempos.

*Si hablamos de **Motivos Correctos**, no podemos pasar por alto a su máximo representante en toda la historia de la humanidad: **Jesús de Nazaret**, en quien no se encontró pecado alguno.*

Hebreos 4:15 dice: *"Porque no tenemos un sumo sacerdote que no pueda compadecerse de nuestras debilidades, sino uno que fue tentado en todo según nuestra semejanza, pero sin pecado"*. Jesús es un digno ejemplo a seguir que ha revolucionado mi vida y, de seguro, la tuya también. Este personaje, al igual que nosotros, fue sometido a tentaciones, pero salió de todas de manera triunfante. Un modelo de humildad que, teniéndolo todo, al mismo tiempo, no tenía nada. **Mateo 8:20** dice: *"Jesús le contestó: —Las zorras tienen cuevas y las aves tienen nidos, pero el Hijo del hombre no tiene donde recostar la cabeza"*, todo por amor a la humanidad para la redención de nuestros pecados. Las líneas de este libro no alcanzarían para hablar de la excelente labor que hizo Jesús en la tierra y de los magníficos motivos que lo impulsaban a desarrollarlas. Las Escrituras, de igual manera, está llena de personajes ejemplares que una vez Dios les reformó el destino, y su línea de actitud estuvo guiada por buenos motivos.

*** Más adelante estaré hablando referente a esto. Ahí encontraremos personajes como el Apóstol Pablo, que su disciplina, pasión y entrega lo convirtieron en un mártir de la fe cristiana. ***

Capítulo IV

RESULTADOS DE UNA BENDICIÓN EN EL TIEMPO INCORRECTO

2 Reyes 5:15-27

15 "Y volvió al varón de Dios, él y toda su compañía, y se puso delante de él, y dijo: He aquí ahora conozco que no hay Dios en toda la tierra, sino en Israel. Te ruego que recibas algún presente de tu siervo.

16 más él dijo: Vive Jehová, en cuya presencia estoy, que no lo aceptaré. Y le instaba que aceptara alguna cosa, pero él no quiso.

17 entonces Naamán dijo: Te ruego, pues, ¿de esta tierra no se dará a tu siervo la carga de un par de mulas? Porque de aquí en adelante tu siervo no sacrificará holocausto ni ofrecerá sacrificio a otros dioses, sino a Jehová.

¹⁸ en esto perdone Jehová a tu siervo: que cuando mi señor el rey entrare en el templo de Rimón para adorar en él, y se apoyare sobre mi brazo, si yo también me inclinare en el templo de Rimón; cuando haga tal, Jehová perdone en esto a tu siervo.

¹⁹ y él le dijo: Ve en paz. Se fue, pues, y caminó como media legua de tierra.

²⁰ entonces Giezi, criado de Eliseo el varón de Dios, dijo entre sí: He aquí mi señor estorbó a este sirio Naamán, no tomando de su mano las cosas que había traído. Vive Jehová, que correré yo tras él y tomaré de él alguna cosa.

²¹ y siguió Giezi a Naamán; y cuando vio Naamán que venía corriendo tras él, se bajó del carro para recibirle, y dijo: ¿Va todo bien?

²² y él dijo: Bien. Mi señor me envía a decirte: He aquí vinieron a mí en esta hora del monte de Efraín dos jóvenes de los hijos de los profetas; te ruego que les des un talento de plata, y dos vestidos nuevos.

²³ dijo Naamán: Te ruego que tomes dos talentos. Y le insistió, y ató dos talentos de plata en dos bolsas, y dos vestidos nuevos, y lo puso todo a cuestas a dos de sus criados para que lo llevasen delante de él.

²⁴ y así que llegó a un lugar secreto, él lo tomó de mano de ellos, y lo guardó en la casa; luego mandó a los hombres que se fuesen.

²⁵ y él entró, y se puso delante de su señor. Y Eliseo le dijo: ¿De dónde vienes, Giezi? Y él dijo: Tu siervo no ha ido a ninguna parte.

²⁶ el entonces le dijo: ¿No estaba también allí mi corazón, cuando el hombre volvió de su carro a recibirte? ¿Es tiempo de tomar plata, y de tomar vestidos, olivares, viñas, ovejas, bueyes, siervos y siervas?

²⁷ por tanto, la lepra de Naamán se te pegará a ti y a tu descendencia para siempre. Y salió de delante de él leproso, blanco como la nieve"

L a mayoría de creyentes viven hoy en día un estilo de fe más de **'beneficios'** que de **'sacrificios'**, sus servicios son motivados por la bendición y no por el cumplimiento del llamado. **Buscar la bendición fuera del tiempo de Dios provoca oprobio, confusión y muerte**, exactamente lo que pasó con **Giezi**, que no entendía ese principio, el hombre de la unción rechazó la honra del general de los ejércitos del rey **Ben-Adad**, porque él entendía que no necesitaba lo que **Naamán** le estaba ofreciendo al profeta como agradecimiento del milagro recibido, pero **Eliseo** no lo aceptó porque entendía que no era el tiempo ni la ocasión para recibir la honra. De esto se trata lo que necesitamos en nuestros tiempos, personas apasionadas por ver milagros en los demás para librarlos de su calvario y no para beneficiarse de lo que ellos te puedan dar como agradecimiento.

Tu intención tiene que estar enfocada en saber que estás siendo útil para Dios, no en que ese milagro será útil para tú recibir una bendición.

Aclaro, creo fervientemente en la honra y que todo hombre usado por Dios tiene que ser honrado, como la Sunamita honra al profeta en **2 Reyes 4:10:** *"Yo te ruego que hagamos un pequeño aposento de paredes, y pongamos allí cama, mesa, silla y candelero, para que cuando él viniere a nosotros, se quede en él".* **El problema radica en la intención con la que haces las cosas,** porque las bendiciones siempre estarán, pero la actitud correcta para saber administrarla hay que cultivarla para no caer en avaricia. **Lucas 12:15** dice: *"Y les dijo: Mirad, y guardaos de toda avaricia; porque la vida del hombre no consiste en la abundancia de los bienes que posee"*

En mi caminar por las naciones, Dios me ha dado el honor de ser usado por Él y ver milagros e increíbles maravillas en las vidas de los creyentes que asisten a nuestras reuniones y congresos. Usualmente, la gente es muy dadivosa con los predicadores, y con mucha más razón, si son extranjeros. Su intención es hacernos sentir como en casa, con presentes y detalles, que a mí, como a todo predicador, me encantan.

Recuerdo que, en una de mis cruzadas por Centroamérica, luego de terminar el servicio, un empresario pidió permiso al apóstol que me había invitado para llevarme a cenar y honrarme. El apóstol accedió y le permitió llevarme a comer 'comida china', lo recuerdo como si hubiese sido ayer. El hombre, bien emocionado, me dijo: ¡Pide lo que quieras! ¡No te limites! ¡Sé libre! Yo, viendo la libertad financiera que tenía aquel señor, pedí un suculento plato de arroz chino con camarones y todo tipo de carnes. La pasamos súper esa noche. Luego, él y su familia me llevaron al hotel donde me estaba hospedando y allí me regaló ciertas cosas como un reloj, un perfume, una camisa, entre otras.

Eran cosas que necesitaba en ese momento, a decir verdad, y que llenaron mi noche de alegría. Agradecí muy conmovido por el detalle y los despedí para que pudieran ir a su casa a descansar. El día siguiente, cuando estaba en el servicio, vi a aquel hombre con toda su familia en primera fila, e inmediatamente comencé a orar al Señor para que me diera una palabra para aquel varón que me había honrado, pero el Señor no me decía nada en toda la reunión. Luego, comencé a pensar qué palabra profética caería como anillo al dedo para este empresario (aunque no viniera de Dios, pero que sí lo hiciera sentir confortado) y continué pensando y meditando, pero mientras lo hacía, el Espíritu del Señor habló a mi espíritu y me dijo:

> *"La palabra que le quieres dar a ese hombre es porque sabes que darle una palabra profética representa beneficio para ti, porque él te puede honrar con dinero o con algún bien material, pero tú muy bien sabes que yo referente a él no te he dicho nada".*

Escuchando estas palabras en mi espíritu, comencé a temblar sabiendo que, aunque pareciese que era alguien recto ante los hombres, estaba torcido ante Dios. A esto le llamo: **"Ser rico, pero tener ham-**

bre". *Tener un gran ministerio, pero ser poco efectivo, por tener una intención desviada del plan y propósito de Dios.*

Mi motivación para bendecirlos con una palabra fue tan grande, al punto de querer decirles algo, aunque esto no proviniera de Dios. Me pasó lo mismo que a **Giezi**, porque este muchacho se dejó cegar tanto de las riquezas que generaban los milagros, que terminó hablando mentiras a **Naamán** y al profeta **Eliseo**. Esto me sacudió, porque es probable que personas que son ministros de Dios alrededor del mundo sean capaces de caer en este hábito de hablar mentiras solo para generar beneficios. Quiero aclarar nuevamente que creo en la honra y en que Dios enriquece a sus siervos, como lo hizo con **Job**, que era un hombre rico de su época, al igual que **Abraham**.

Es interesante ver cómo el profeta actúa frente a esta situación. **2 Reyes 5:25-27 (TLA)** dice: *"Guehazí entró en la casa y se presentó delante de Eliseo, quien le preguntó:*

— ¿De dónde vienes, Guehazí?

—No he ido a ningún lado —contestó Guehazí.

²⁶ pero Eliseo le dijo:

—Yo sé que Naamán se bajó de su carro para recibirte, pues yo estaba allí con mi pensamiento. Este no es el momento de aceptar dinero, ropa, viñedos o huertos de olivos, ovejas, toros ni esclavos. ²⁷ Y como tú aceptaste el regalo de Naamán, su lepra se te pasará a ti y a tu familia para siempre.

Vemos que Eliseo, en primer lugar, lo confrontó en una dimensión profética, dándole a entender al muchacho que nada pasaba desapercibido ante los ojos del profeta, a menos que Dios así lo permitiera. Pero esta no fue la excepción: bajo una dimensión de ciencia, Eliseo lo confrontó y Guehazí le respondió con mentiras.

Entonces, el profeta le declaró unas palabras que marcaron mi vida de una manera impresionante, en el versículo **25:** *"Este no es el momento de aceptar dinero, ropa, viñedos o huertos de olivo".* Dándole a entender que lo malo no fue aceptar las bendiciones que el hombre ofreció, sino que lo malo estaba en hablar mentiras para recibir una bendición a destiempo (tal como lo dice en **Eclesiastés 3:3:** *"Todo tiene su tiempo, y todo lo que se quiere debajo del cielo tiene su hora"*). Es al tiempo de Dios que las cosas funcionan, no a nuestra manera, sino **a la manera de Dios**. No en nuestro tiempo, sino en la ocasión divina para nuestras vidas.

Querido lector, **que las bendiciones de este tiempo presente no cieguen tu visión o llenen tu corazón de avaricia.**

Dios te comenzará a prosperar el día que estés preparado para mantener las bendiciones y, sobre todo, saber administrarlas.

UNA COSA FALTA

¿Te has sentido incompleto aun teniéndolo todo? ¿Sientes que algo te falta para sentirte realizado? ¡Descuida! No eres la única persona que se ha sentido así. En algún momento de nuestra historia, a todos nos ha tocado estar en este punto de la vida, donde necesitamos orientación espiritual para apreciar las verdaderas cosas que nos completan como seres humanos. Hay un relato bíblico que puede arrojar luz a nuestras interrogantes referentes a esa sensación, el cual se encuentra en:

Marcos 10:16-30; Lucas 18:18-30

¹⁶ *"Entonces vino uno y le dijo: Maestro bueno, ¿qué bien haré para tener la vida eterna?*

¹⁷ *Él le dijo: ¿Por qué me llamas bueno? Ninguno hay bueno sino uno: Dios. Mas si quieres entrar en la vida, guarda los mandamientos.*

¹⁸ *Le dijo: ¿Cuáles? Y Jesús dijo: No matarás. No adulterarás. No hurtarás. No dirás falso testimonio.*

¹⁹ *Honra a tu padre y a tu madre; y, Amarás a tu prójimo como a ti mismo.*

²⁰ *El joven le dijo: Todo esto lo he guardado desde mi juventud. ¿Qué más me falta?*

²¹ *Jesús le dijo: Si quieres ser perfecto, anda, vende lo que tienes, y dalo a los pobres, y tendrás tesoro en el cielo; y ven y sígueme.*

²² *Oyendo el joven esta palabra, se fue triste, porque tenía muchas posesiones.*

²³ *Entonces Jesús dijo a sus discípulos: De cierto os digo, que difícilmente entrará un rico en el reino de los cielos.*

²⁴ *Otra vez os digo, que es más fácil pasar un camello por el ojo de una aguja, que entrar un rico en el reino de Dios.*

²⁵ *Sus discípulos, oyendo esto, se asombraron en gran manera, diciendo: ¿Quién, pues, podrá ser salvo?*

²⁶ *y mirándolos Jesús, les dijo: Para los hombres esto es imposible; mas para Dios todo es posible.*

²⁷ *Entonces respondiendo Pedro, le dijo: He aquí, nosotros lo hemos dejado todo, y te hemos seguido; ¿qué, pues, tendremos?*

²⁸ *Y Jesús les dijo: De cierto os digo que, en la regeneración, cuando el Hijo del Hombre se siente en el trono de su gloria, vosotros que me habéis seguido también os sentaréis sobre doce tronos, para juzgar a las doce tribus de Israel.*

²⁹ *Y cualquiera que haya dejado casas, o hermanos, o hermanas, o padre, o madre, o mujer, o hijos, o tierras, por mi nombre, recibirá cien veces más, y heredará la vida eterna.*

³⁰ *Pero muchos primeros serán postreros, y postreros, primeros".*

En Las Escrituras podemos ver un claro ejemplo de lo que es una persona **rica, pero pobre de hambre**: un muchacho joven, de familia noble y distinguida, se acercó a Jesús con muchas preguntas, causadas por un vacío interno que las riquezas y los bienes que este poseía no le habían podido llenar.

Existe una postura teológica que expresa que este muchacho tenía una ideología errónea referente a la 'vida eterna', pues, como judío, al parecer, conocía muy bien sobre el Antiguo Testamento, donde **Daniel 12: 2** expresa lo siguiente: *"Y muchos de los que duermen en el polvo de la tierra serán despertados, unos para vida eterna, y otros para vergüenza y confusión perpetua".* Este texto fue mal interpretado muchas veces por algunos judíos del tiempo de Jesús, quienes asociaban la 'vida eterna' con 'la resurrección de los muertos'.

Este muchacho quería obtener ese posible privilegio de poder vivir otra vida luego de su muerte y poder seguir disfrutando de todos los bienes que tenía. Por esta razón, en un punto muy clave de la conversación, Jesús lo confrontó mandándole a vender todo lo que tenía y que se lo diera a los pobres. No se trata de que, por ser ricos no podemos seguir a Jesús, porque Las Escrituras están llenas de ricos que seguían a Jesús y le colaboraban económicamente; aquí el problema radica en lo que este muchacho tenía dentro de su corazón, aunque él se consideraba una persona buena que cumplía todos los mandamientos, nos damos cuenta al final del relato bíblico de que no era tan bueno como él pensaba, porque era muy rico, pero moría por dentro. Por eso, al momento que Jesús le hizo esa propuesta, prefirió irse muy triste detrás de sus posesiones. **Lo que él tenía era más importante que lo que él quería**. Precisamente en esa condición nos encontramos muchos hoy en día: los placeres de este mundo nos han convertido en amadores de nosotros mismos, queremos tanto para nosotros y tan poco para los demás que perdimos el verdadero significado de nuestra existencia. Es lamentable ver ministros de Dios con esta misma condición, tienen mucho, pero dan muy poco; aman tanto lo que tienen, que todo lo que atente en contra de sus bienes es considerado como su enemigo.

El joven rico le dio la espalda a Jesús y el frente a sus riquezas. **Este joven representa la generación que va detrás de las posesiones y no detrás de Dios.** Jesús le dijo a este muchacho: *"Véndelo todo y sígueme"*. Es decir, *"Deja tus comodidades a un lado, toma tu cruz y sígueme"*. Seguir a Jesús representa sacrificio, y esta es la parte que muchas iglesias hoy día han querido ocultar, vendiéndonos un 'evangelio de beneficios' y no uno de sacrificios.

El mensaje de Jesús provocaba incomodidad en la gente que lo escuchaba, pero los mensajes de los predicadores de nuestros tiempos están basados en decirle a la gente qué tanto Dios les bendecirá y no en qué tanto tienen que dejar para poder alcanzar esa bendición.

¡Necesitamos reforma! Necesitamos la generación que lo deja todo, aunque esto represente deshacerse de lo único que les genera ingresos para sobrevivir, tal y como lo hicieron gran parte de los discípulos.

Marcos 1:18-20: *"Y dejando luego sus redes, le siguieron.*

¹⁹ Pasando de allí un poco más adelante, vio a Jacobo hijo de Zebedeo, y a Juan su hermano, también ellos en la barca, que remendaban las redes.

²⁰ Y luego los llamó; y dejando a su padre Zebedeo en la barca con los jornaleros, le siguieron".

> *Necesitamos levantar una generación que sepa dejar todo por Jesús, incluso, aquello que quizás, para ellos, representa una bendición.*

Esta es la nueva mentalidad de reino que quiero presentarte, querido lector; una generación que ame más lo **celestial** que lo terrenal; que entiendas que Dios está haciendo grandes cosas contigo, aunque no estés generando muchas bendiciones materiales, pero *sí* estás generando beneficios espirituales, porque tu sacrificio está provocando que los cielos se abran a tu favor y cualquiera que haya dejado casas, o hermanos, o hermanas, o padre, o madre, o mujer, o hijos, o tierras por mi nombre, recibirá cien veces más, y heredará la **vida eterna**. Aquí podemos apreciar que todos los sacrificios que hacemos para Dios no quedarán sin recompensa alguna.

Pedro tuvo la valentía de dejar las redes que lo alimentaban, y aunque para muchos esto se vea como algo sencillo, permíteme decirte que no lo es.

Mateo 4:18-20 *"Andando Jesús junto al mar de Galilea, vio a dos hermanos, Simón, llamado Pedro, y Andrés su hermano, que echaban la red en el mar; porque eran pescadores. Y les dijo: Venid en pos de mí, y os haré pescadores de hombres. Ellos entonces, dejando al instante las redes, le siguieron".*

Aquí podemos apreciar una decisión de vida o muerte, algo importante para este hombre que requería mucho de la fe, más que cualquier otra cosa, porque es contraproducente que un hombre que no creció en su círculo social, que no conocía las largas horas de trabajo que tenía que hacer al día para ganarse la vida, le diga de repente:

> **"Suelta esas redes y sígueme, porque yo te haré pescador de hombres".**

Pedro no sabía a lo que Cristo se refería exactamente, pero aun así, decidió dejarlo todo y seguir al Maestro, dejando el trabajo de ese día, sin importar que eso representaba pérdida monetaria y a la misma vez, ganancias espirituales. Yo pregunto: **¿Qué prefieres?**

Ya deja de correr tras las bendiciones, más bien, PROCURA estar lo suficientemente ungido, conectado y consagrado para que ellas sean las que tengan que correr detrás de ti, tal y como lo dijo el salmista, en **Salmos 23:6** *"Ciertamente el bien y la misericordia me seguirán todos los días de mi vida, Y en la casa de Jehová moraré por largos días".*

¿Qué sigue luego de tenerlo todo? Porque este joven rico lo tenía todo, pero al final nos damos cuenta de que no tenía nada, porque no se sentía completo. Muchas veces, pasamos toda una vida detrás de cosas materiales   y al final, estando en la cima, nos damos cuenta de que aún seguimos teniendo vacíos existenciales. Por esta razón, mi misión es que las bendiciones del tiempo presente no te cieguen, sino que te aferres a lo espiritual y disfrutes cada momento de la vida, ya sea que estés en abundancia o en escasez. La vida es una especie de pista, con subidas y bajadas, hay momentos donde te tocará estar **arriba** y ocasiones donde te tocará estar **abajo**; pero, independientemente de cuál sea tu posición, ¡que nada te quite el gozo! Ese gozo que solo Jesús y su salvación pueden dar.

Admiro la manera en la que el Apóstol Pablo veía la vida, él dijo en **Filipenses 4:12:** *"Sé vivir humildemente, y sé tener abundancia; en todo y por todo estoy enseñado, así para estar saciado como para tener hambre, así para tener abundancia como para padecer necesidad".* Este hombre estaba preparado para vivir la vida y sus grandes retos.

*Ahora bien, ¿**Qué diferencia podemos ver de la generación de Pablo y la nuestra, que piensa que la pobreza es un castigo de Dios y no una etapa de preparación para poder saber cuidar aquellas grandes cosas que Dios nos permite tener?***

Dice un dicho dominicano: *"Lo que fácil llega, fácil se va"*. Aquello que nos costó un sacrificio tener, es lo que más valoramos. Por eso, en muchas ocasiones, Dios permite momentos de vacas flacas, para cuando lleguen los momentos de vacas gordas, se pueda ser un buen administrador de la bendición, tal y como lo fue José, el hijo de Jacob, un joven que llegó a tenerlo todo porque supo valorar cada peldaño que atravesaba. José nunca se quejó, nunca blasfemó. José sabía que aquello que Dios le había mostrado un día, sus ojos lo iban a ver y sus manos lo palparían.

Este joven es un ejemplo claro de que **el que persevera, triunfa**. Siempre me pregunté **¿Qué tipo de sentimiento se estaba creando en la mente de José al momento de ver esa mala acción de parte de sus hermanos hacia él?**

Entiendo que es súper deprimente ver que los mismos que llevan tu sangre procuren tu muerte. Para el razonamiento, este joven debió vivir su vida como un resentido o como un amargado con sed de venganza, pero vemos que su enfoque se mantenía en seguir hacia adelante contra todo pronóstico, y es lo que Dios quiere que hagamos, que nos enfoquemos en cumplir nuestra asignación y entonces, las bendiciones llegarán.

Mateo 6:33 *"Mas buscad primeramente el reino de Dios y su justicia, y todas estas cosas os serán añadidas".* En el tiempo divino, disfrutaremos más abundantemente el milagro de Dios para nuestras vidas. En esta etapa de crecimiento y desarrollo por la cual estás atravesando tú, querido lector, se requiere de mucho **enfoque** y **determinación** para poder completar lo que se te ha encomendado. Todo individuo con llamado se verá obligado a atravesar por la temporada de **distractores de propósitos**. En esta temporada, el enemigo de la justicia hará todo lo que esté a su alcance para distorsionar el plan de Dios para ti y hacerte perder tiempo, dando vueltas en el desierto sin un rumbo fijo. Para esta temporada, se demanda de mucha **paciencia** y **perseverancia**, solo los que están sembrados en el Señor, logran atravesar este valle de lágrimas.

> *Cristo estuvo ahí en ese lugar y salió ileso ante las ofertas del enemigo.*

Mateo 4:8-11 *"Otra vez le llevó el diablo a un monte muy alto, y le mostró todos los reinos del mundo y la gloria de ellos, y le dijo: Todo esto te daré, si postrado me adorares. Entonces Jesús le dijo: Vete, Satanás, porque escrito está: Al Señor tu Dios adorarás, y a él sólo servirás. El diablo entonces le dejó; y he aquí vinieron ángeles y le servían".*

Satanás quería distraer a Jesús ofreciéndole algo que al Maestro le sobraba, aunque no justo en ese tiempo, porque le tocaba padecer por nosotros, la humanidad, pero sí en su tiempo futuro, porque luego de su muerte y resurrección, no solo se empoderaría sobre las tinieblas, sino que sería proclamado **Rey de reyes y Señor de señores**. De manera que, lo que el enemigo te ofrece en la temporada de distracción, simplemente, es una mínima parte de todo lo que Dios te tiene más adelante, a su debido tiempo. Creo que ahí radica la desgracia de muchos ministros alrededor del mundo, *que quieren acelerar los procesos de transformación, esquivando las temporadas de vacas flacas, yendo inmediatamente hacia la tierra prometida, sin experimentar el desierto.* Personas que hacen lo que sea por ser reconocidas ante los demás, pero no se preocupan por ser reconocidas en el cielo como un hombre de oración.

¡Crece en todo el sentido de la palabra! ¡No vueles las etapas de la vida! ¡Atraviésalas una por una! Sabiendo que, en cada una de ellas, Dios va contigo de la mano como tu ayudador y tu sustentador. Recuerda, en el **tiempo de Dios**, tendrás en tus manos eso que tanto anhelas. En el **tiempo de Dios**, verás las promesas realizarse. En el **tiempo de Dios,** todo será agradable y perfecto, así que solo confía y aprende a esperar mientras Él te prepara y capacita para entregarte todo lo que ha predestinado para ti.

Capítulo V

REFORMADORES DE DESTINOS

"Por tanto, nosotros todos, mirando a cara descubierta como en un espejo la gloria del Señor, somos transformados de gloria en gloria en la misma imagen, como por el Espíritu del Señor" **(2 Corintios 3:18).**

Quiero comenzar este capítulo con la siguiente frase: *"No oponerse al error es aprobarlo, no defender la verdad, es negarla"*–**Martin Lutero**. Desde sus inicios, las reformas para la Iglesia han sido muy importantes para su desarrollo y expansión. Las Escrituras y la historia están llenas de reformadores que marcaron 'un antes y un después' en su época.

La definición de **reformador** expone que este 'reforma, rectifica, innova, cambia, varía, corrige, acondiciona, perfecciona, renueva, transforma, mejora, modifica o pone en debida forma algo'. Una definición que formula una gran pregunta en nuestras mentes: **¿Aún quedan reformadores?** Porque si un reformador es alguien que corrige, transforma y mejora, entonces tendríamos que hablar de Jesús, el mayor **Reformador de destinos** de toda la historia; quien, en su paso por la tierra, a todo el que se le acercaba, la vida le cambiaba por completo.

Quiero que comencemos con la historia de su camino hacia el Calvario, donde le **reforma el destino** a un hombre que, para ese entonces, no representaba nada, hasta que se encontró con Jesús. **Marcos 15:21:** *"Como pasaba por allí Simón de Cirene, padre de Alejandro y de Rufo, que regresaba del campo, lo obligaron a llevar la cruz de Jesús".* Como vemos en el texto, a este lo obligaron a cargar la cruz y a ayudar a Jesús para que pudiera llegar al Calvario, orden que le cambió la vida al padre de Rufo y Alejandro, porque hasta ese momento, él no era relevante, pero como se encontró con el **Reformador de destinos,** su vida cambió inmediatamente al caerle sangre redentora, purificadora y sanadora. Este hombre tuvo el privilegio de tener la sangre más importante del mundo cubriendo sus vestidos. **Cuando te encuentras con Jesús, es imposible que sigas siendo el mismo.** Está más que comprobado que todos los hombres que se encontraron con el **Reformador de destinos**, algo positivo les pasó, que los convirtió en importantes, aceptos y escogidos por el Eterno Dios del cielo.

Lo mismo le pasó a un hombre que, luego de su encuentro con el Maestro, seguiría el legado y lograría convertirse en uno de los mayores reformadores de destinos de la historia judía. Hizo su primera aparición en Las Escrituras con el nombre de **Saulo de Tarso**, pero más adelante, un encuentro divino le cambiaría el nombre y no solo el nombre; sino su ideología, sus actitudes, su propósito, su visión, su rumbo y su destino.

Antes de detallar qué tan grande fue esta transformación de Saulo, veamos qué tan enfocado estaba él en su misión de erradicar a los cristianos judeonazarenos. **Hechos 8:3**: "*Y Saulo asolaba la Iglesia, y entrando casa por casa, arrastraba a hombres y a mujeres, y los entregaba en la cárcel*". Vemos que este hombre defendía con celo su causa, convirtiéndose en uno de los más grandes enemigos del cristianismo en su época, tal y como lo relata el libro de los **Hechos 26: 9-11** "*Yo ciertamente había creído mi deber hacer muchas cosas contra el nombre de Jesús de Nazaret; lo cual también hice en Jerusalén. Yo encerré en cárceles a muchos de los santos, habiendo recibido poderes de los principales sacerdotes; y cuando los mataron, yo di mi voto. Y muchas veces, castigándolos en todas las sinagogas, los forcé a blasfemar; y enfurecido sobremanera contra ellos, los perseguí hasta en las ciudades extranjeras*".

¿Puede cambiar una conversación ordinaria a un hombre como este? ¿Puede la psicología cambiar la mentalidad de un hombre errado en su cultura al punto tal de dar la vida por ella y quitársela a aquellos que no la compartan?

¡De ninguna manera! Solo un encuentro con Jesús puede causar estos efectos en la vida de un hombre. Saulo fue revolucionado, modificado y mejorado por la mano poderosa de Dios, en un encuentro que cambiaría el rumbo de la historia a favor de la humanidad.

Hechos 26:12-18 *"Ocupado en esto, iba yo a Damasco con poderes y en comisión de los principales sacerdotes, cuando a mediodía, oh rey, yendo por el camino, vi una luz del cielo que sobrepasaba el resplandor del sol, la cual me rodeó a mí y a los que iban conmigo. Y habiendo caído todos nosotros en tierra, oí una voz que me hablaba, y decía en lengua hebrea: Saulo, Saulo, ¿por qué me persigues? Dura cosa te es dar coces contra el aguijón. Yo entonces dije: ¿Quién eres, Señor? Y el Señor dijo: Yo soy Jesús, a quien tú persigues. Pero levántate, y ponte sobre tus pies; porque para esto he aparecido a ti, para ponerte por ministro y testigo de las cosas que has visto, y de aquellas en que me apareceré a ti, librándote de tu pueblo, y de los gentiles, a quienes ahora te envío, para que abras sus ojos, para que se conviertan de las tinieblas a la luz, y de la potestad de Satanás a Dios; para que reciban, por la fe que es en mí, perdón de pecados y se les dará un lugar entre el pueblo de Dios, el cual es apartado por la fe en mí".*

Luego de su reforma, Pablo fue un gran propulsor del Evangelio, sirviendo como apóstol, edificando personas, llevando el mensaje del Señor y, sobre todo, reformándoles el destino a otros, como Jesús lo había hecho con él. Escribió cartas legendarias, llenas de sabiduría, experiencia y fe, que hoy por hoy, son el manual de padecimientos por una causa justa de cada creyente. Donde nos enseña la importancia de padecer por el Maestro, mostrando a las futuras generaciones, **los beneficios de seguir al Maestro, pero también, las experiencias que, aunque parezcan negativas, contribuyen a nuestro crecimiento espiritual.**

¡También me reformó!

Impresionante ver cómo un encuentro divino le cambia la vida a un hombre de duro corazón. Todos tenemos una conversión diferente y especial, la de **Pablo de Tarso** nos marcó a todos. Cada vez que la leo, recuerdo aquella noche cuando el mismo que se le apareció a Pablo se me presentó a mí, esta vez no era rumbo a Damasco, esta vez fue en un barrio popular de la República Dominicana llamado "**Capotillo**". Si no es el barrio más peligroso de mi nación, por lo menos está entre los tres barrios con los índices más altos de delincuencia.

Aparentemente, ante los ojos de la sociedad, no sale nada bueno de ese lugar. Algo en lo que están equivocados, porque de ese barrio marginal, aparte de que han salido muchísimos profesionales, personas preparadas, artistas y demás; también surgió la generación de jóvenes predicadores más influyentes de todo el Distrito Nacional. Jóvenes muy usados por Dios, generación a quienes nos ha tocado llevar la palabra de Dios a otras naciones, representando el reino de Dios y poniendo en alto el barrio que todos desprecian.

En ese barrio, tuve un encuentro con el Señor. Recuerdo aquella noche como si fuera ayer. Estaba alistándome para salir a compartir con amigos y, una vez ya listo, fui a una pequeña cafetería que quedaba en la calle principal para comprar unos vasos e ingerir bebidas alcohólicas.

Nunca fui muy dado a las bebidas alcohólicas, pero como todo joven comenzando a vivir, quería demostrar que sí estaba preparado para la vida de la calle y el sistema corrupto que veía día tras día en el barrio. Cuando llegué, le dije a la mujer que estaba atendiendo la cafetería: *"Un vaso con hielo por favor"*. Ella, inmediatamente, me vio y me dijo: **"Randy, Cristo te está llamando y quiere hacer algo contigo esta noche"**. Yo dije por dentro de mí: "De todas las noches lindas que faltan en mi larga vida, ¿a Dios se le ocurrió hacer algo conmigo esta noche?". Ella volvió y dijo: **"Quiere cambiar tu manera de vivir..."**.

En el barrio era conocido como un mal hablado, un rebelde, un delincuente en potencia. Usualmente, la gente le decía a mi mamá: **"A tu hijo lo van a matar un día, porque tu hijo tiene una actitud muy acelerada"**. Esas eran las profecías que las personas que no tenían visión vivían decretando sobre mí, pero mientras ellos le decían eso a mi madre, el cielo estaba diciendo otra cosa, que era: *"Este muchacho no nació para morir en la calle a punta de pistola, peleando o drogado (como todos pensaban), este joven nació para llevar el mensaje de Jesús a las naciones y dejar un legado sólido de excelencia y liderazgo en las siguientes generaciones"*.

Inmediatamente que ella me volvió a decir eso, comenzó a obrar en mí el **Reformador de destinos**. Las lágrimas empezaron a salir de mis ojos como ríos de agua viva, yo intentaba detenerlas, pero no podía; las piernas me temblaban de una manera muy extraña; mis amigos se reían, porque para ellos le resultaba difícil ver al rebelde del barrio siendo tocado por Dios.

Confieso que trataba de esconder el efecto de la manifestación del Espíritu Santo para no pasar como un loco frente a mis amigos y demás clientes de la cafetería. ¡Todos estaban presenciando el momento! Pero al igual que Pablo, me desplomé y caí al suelo tocado por el fuego del Espíritu Santo de Dios.

> *Luego de ahí, acepté al Señor. Lloré demasiado esa noche. ¡Fue inolvidable! Incluso, escribiendo estas líneas, lágrimas corren por mis mejillas, porque yo sé lo que es experimentar una reforma, una mejora, una modificación interna.*

Ser reformado significa dejar tus viejos hábitos y costumbres; se trata de hacer morir al viajo hombre que solo se inclina hacia los deseos vanos de la carne que en nada aprovechan. Luego de ese día, mi mamá comenzó a sonreír más a menudo, porque no tenía la preocupación de que yo estuviera en la calle expuesto al peligro, sino que estaba en la iglesia, adorando a un Dios vivo y de poder; ahora era un joven reformado por el poder de su sangre redentora. Desde ese momento en adelante, Dios comenzó a trabajar en mí (y aún lo sigue haciendo) hasta perfeccionar su obra en mí. Me ha tocado padecer como Pablo y sé que faltan futuros padecimientos, pero en medio de todo esto, me aferro a la promesa que el Maestro nos dejó para consolar nuestro espíritu en momentos duros y grises, este consuelo se encuentra en **Juan 16:33**, que dice: *"Estas cosas os he hablado para que en mí tengáis paz. En el mundo tendréis aflicción; pero confiad, yo he vencido al mundo"*

No alcanzarían las líneas de este libro para testificar acerca de todas las personas que han experimentado una reforma de parte de Jesús, aquí solo plasmo las más especiales para mí, que de una u otra manera, me identifico con ellas, así como lo es la historia de **David**, el pastor de ovejas.

1 Samuel 16:6-13

Este es, ¡úngelo!

Cuando llegaron, Samuel se fijó en Eliab y pensó: «¡Seguramente este es el ungido del Señor!».

[7] Pero el Señor le dijo a Samuel:

—No juzgues por su apariencia o por su estatura, porque yo lo he rechazado. El Señor no ve las cosas de la manera en que tú las ves. La gente juzga por las apariencias, pero el Señor mira el corazón.

[8] Entonces Isaí le dijo a su hijo Abinadab que caminara delante de Samuel. Pero Samuel dijo:

—Este no es el que el Señor ha elegido.

[9] Después Isaí llamó a Simea, pero Samuel dijo:

—*Tampoco es este a quien el Señor ha elegido.*

¹⁰ De la misma manera, Isaí le presentó sus siete hijos a Samuel. Pero Samuel le dijo:

—*El Señor no ha elegido a ninguno de ellos.*

¹¹ Después Samuel preguntó:

— *¿Son estos todos los hijos que tienes?*

—*Queda todavía el más joven —contestó Isaí—. Pero está en el campo cuidando las ovejas y las cabras.*

—*Manda a llamarlo de inmediato —dijo Samuel—. No nos sentaremos a comer hasta que él llegue.*

¹² Entonces Isaí mandó a buscarlo. El joven era trigueño y apuesto, y de hermosos ojos.

Y el Señor dijo:

—*Este es, úngelo.*

¹³ Al estar David de pie entre sus hermanos, Samuel tomó el frasco de aceite de oliva que había traído y ungió a David con el aceite. Y el Espíritu del Señor vino con gran poder sobre David a partir de ese día. Luego Samuel regresó a Ramá.

Esta historia es una de las más prominentes en todas Las Sagradas Escrituras, porque en ella se encuentran ciertos detalles que Dios mira en un hombre antes de ungirlo. Vemos que, cuando el profeta Samuel llegó al lugar del sacrificio, se enfocó inmediatamente en Eliab, tal y como lo muestra el **versículo 6,** y de manera inmediata, Dios le respondió que no juzgara por las apariencias, ya que el Señor no quería ponerlo como rey de Israel. Dios le dejó bien claro al profeta que su óptica y la de Dios diferían, ya que, usualmente, la gente juzga por las apariencias, pero **Dios ve el corazón**. Si de corazón conforme al de Dios se tratase, David era el indicado. Podemos ver en el relato bíblico, que este muchacho no estaba con su padre como los demás; era un número más, pero no era importante en la familia. Vemos que su padre le mostró todos sus hijos al profeta y ninguno de ellos llenó los requisitos divinos para la asignación. Isaí se había olvidado de su hijo David, el profeta tuvo que proceder a preguntarle **¿Son estos todos los hijos que tienes?** (Porque el hombre del llamado no estaba entre ellos).

Es interesante ver cómo Dios te saca de atrás y te pone delante, cómo Dios te hace calificar delante de personas que crecieron contigo, pero nunca tuvieron la facultad de ver tu potencial. El profeta Samuel ungió al joven David delante de sus familiares que, aunque no creían en su llamado, no tenían de otra que aceptar lo que el cielo estaba hablando a favor de su hermano pequeño.

Dios te reformará el destino delante de tus opresores, delante de aquellos que no creen en ti. **Ellos tendrán que ver cómo el Señor te mueve de pastorear ovejas a reinar una nación**.

Alrededor de todas Las Escrituras, vemos que Dios obra a través de personas que humanamente no llenaban los requisitos para la asignación, pero que, por medio de encuentros divinos, fueron aptos para la encomienda. Encuentros con la sangre de Cristo, como Simón de Cirene; encuentros con el ángel, como Jacob, Gedeón, Abraham, entre otros, y encuentros con aceite, como David. Diferentes manifestaciones, pero con el mismo resultado: un cambio de vida total. Y es lo que pasará contigo, querido lector, Dios cambiará tu situación de tal manera, que no quedará duda de que el Señor te reformó el destino. Es muy probable que lo que hallan pronosticado para ti sea muerte, pero yo me atrevo a profetizar que lo que viene para ti es salud y vida hasta alcanzar a los tuyos; que, aunque no tengas dinero y estés lidiando con la pobreza, no terminarás así, porque el Señor tu Dios te prosperará para que seas bendecido y te conviertas en fuente de bendición para otros.

¿Acaso no estás creyendo lo que te estoy declarando? ¿Por qué sigues con esa cara de tragedia? ¡Vamos! ¡Sonríe! No estoy bromeando, quiero que sonrías.

¡Así está mejor! Y no te preguntes cómo vi la cara que tenías. Hay misterios que no lo entenderás hoy, pero Dios te los aclarará mañana.

En realidad, esa es una de mis más profundas intenciones, **que puedas llegar a verte como Dios te ve**, no como los hombres te ven, porque en medio de una generación que entiende que lo relevante es lo físico, Dios quiere que preserves tu corazón, que lo mantengas alejado de la iniquidad, de la inseguridad y del temor. Espera tu momento, espera el tiempo de Dios.

> *Es probable que hoy te acuestes siendo un pastor de ovejas y mañana te levantes como el ungido en turno para lo próximo de Dios sobre las naciones.*

¡Aférrate fuertemente a lo que Dios un día te dijo! Que la espera no te desespere. Algún día, Dios te cambiará el arado por el manto, tal como pasó con el profeta Elíseo. **1 Reyes 19:19** *"Y partió de allí y encontró a Eliseo, hijo de Safat, que estaba arando con doce yuntas de bueyes delante de él, y él estaba con la última. Elías pasó adonde él estaba y le echó su manto encima"*. Este muchacho estaba trabajando la tierra como todos los días, vivía una rutina de vida donde diariamente tenía que estar entre bueyes para poderse ganar la vida y subsistir.

La existencia de este muchacho no tenía nada de especial hasta el momento que le cayó el manto del profeta Elías, reformándole el destino de manera inminente; generando en él un cambio brusco, el cual supo digerir y entender. De estas dos cosas va a depender cómo sea tu vida luego de que Dios te reforme el destino, porque lamentablemente, tenemos cifras muy elevadas de personas que Dios los unge o los levanta como profetas y se le suben los humos a la cabeza, llevándolos a la perdición y al fracaso.

Por eso, es muy importante saber entender este cambio brusco que puede generar la unción en la vida del creyente y, sobre todo, saber manejarlo.

1 Reyes 19:20-21

"Eliseo dejó los bueyes, corrió detrás de Elías y le dijo:

—Déjame darle un beso a mi padre y a mi madre para despedirme, y después te seguiré.

Elías le contestó:

—Está bien, ve a despedirte. Pero recuerda lo que he hecho contigo.

Eliseo dejó a Elías y fue a buscar dos toros suyos y los mató. Tomó la madera del yugo que unía a los toros y con ella hizo fuego para asar la carne. Eliseo invitó a su gente a comer la carne asada y luego se fue a buscar a Elías. Desde ese momento, Eliseo fue su ayudante".

Podemos notar que el profeta en turno, en primera instancia, sabiendo que el profeta le estaba haciendo un llamado para que fuera profeta en su lugar, dejó los bueyes y corrió detrás de él. Luego, vemos que el muchacho le pidió despedirse de sus padres para comenzar a caminar con él. Pero más que una despedida, el joven profeta quería desprenderse de lo que para él representaba un apego. Este profeta en potencia fue muy sabio, él tomó la madera del arado y la quemó, convirtiéndola en leña para cocinar los bueyes y dárselos de comer a la gente. ¡Impresionante!

Al parecer, Eliseo tenía bien claro que una vez que Dios te llama para alguna asignación específica, no puede quedar intacto aquello que te motivaba a regresar a tu antiguo estilo de vida. Por eso, se deshizo de su arado, de sus bueyes, de sus herramientas de trabajo y de su mayor fuente de ingresos para vivir, solo por la única razón de que representaban su pasado de jornalero. No quería verse tentado a regresar a trabajar la tierra. El día que Dios no lo respaldara tal y como él lo esperaba, era probable que este pensamiento de volver atrás le viniera, porque hay momentos que sentimos que Dios nos abandona y, aunque Él permanezca fiel, creo que a todos nos ha pasado esa situación incómoda de inseguridad, donde pensamos que, por su silencio, Dios nos dio la espalda, cuando en realidad, está trabajando a nuestro favor.

Esta acción del profeta es digna de admirar y tiene mucha tela que cortar, porque, además de que hay personas que no saben dirigir los cambios bruscos que genera un encuentro con Dios, también vemos que la mayoría de ministros de hoy **están más interesados en recibir que en dar:** ¡Siémbrame! ¡Hónrame! ¡Regálame! ¡Bendíceme! Son las palabras que frecuentemente escuchamos de aquellos 'ungidos' que no han sabido bien administrar la unción. A estos les llamo: **"Ricos, pero pobres de hambre"**, porque son personas que carecen de sentido espiritual, que no saben digerir las temporadas.

Aquí vemos que el profeta Eliseo inició su ministerio entregando todo lo que tenía. Más adelante, vemos que nunca le faltó nada y todo lo que tocaba se multiplicaba. En este episodio, podemos apreciar ciertos principios de tener una buena economía y vivir **bajo cielos abiertos.** En nuestros días, en el pueblo del Señor, vemos muchas personas padeciendo de pobreza extrema y eso ha generado preguntas en aquellos no creyentes, donde se cuestionan que, si nuestro **"Dios es dueño de la plata y el oro, ¿por qué nosotros carecemos y, en muchos casos, vivimos en situaciones precarias?"**. Se preguntan, **¿por qué somos tan pobres si las calles del cielo son de oro y el mar de cristal?**...

Aunque todos estos versículos que se encuentran plasmados en la Palabra tienen una explicación teológica y cultural, también tienen una explicación que está ligada a la manera de pensar y actuar de cada ser humano, **porque el ser humano que no tenga la capacidad de dar, nunca estará capacitado para recibir.** Dice un famoso refrán: *"Nadie es tan pobre para no poder dar"*, y ahí radica la situación precaria de muchas personas, en que no tienen la capacidad de saber sembrar en buenas tierras para que, cuando le llegue el momento de vacas flacas, puedan cosechar aquello que sembraron.

*Ser un **reformador de destinos** es todo lo contrario a una persona rica, pero pobre de hambre, por eso, quise cerrar este libro con este capítulo, donde inspirar fe y buenos motivos es mi única intención.*

Jesús, en su paso por la tierra, les reformó el destino a más de uno, siendo **el mayor reformador de destinos de toda la historia.** Una de las reformas que Jesús efectuó y que me marcó de una manera impresionante fue la reforma de la mujer del flujo de sangre. **Lucas 8:43** dice:

43 *"Pero una mujer que padecía de flujo de sangre desde hacía doce años, y que había gastado en médicos todo cuanto tenía, y por ninguno había podido ser curada,*

44 *Se le acercó por detrás y tocó el borde de su manto; y al instante se detuvo el flujo de su sangre.*

45 *Entonces Jesús dijo: ¿Quién es el que me ha tocado? Y negando todos, dijo Pedro y los que con él estaban: Maestro, la multitud te aprieta y oprime, y dices: ¿Quién es el que me ha tocado?*

46 *Pero Jesús dijo: Alguien me ha tocado; porque yo he conocido que ha salido poder de mí.*

47 *Entonces, cuando la mujer vio que no había quedado oculta, vino temblando, y postrándose a sus pies, le declaró delante de todo el pueblo por qué causa le había tocado, y cómo al instante había sido sanada.*

48 *Y él le dijo: Hija, tu fe te ha salvado; ve en paz".*

En esta ocasión, podemos notar que quien provoca su milagro es la fe y el accionar de la mujer necesitada que, **contra todo pronóstico**, se arriesgó a no pasar desapercibida para poder tocar el manto del Maestro y recibir su milagro. Según lo establecido en **Levítico**, la mujer era considerada inmunda y, por tal razón, tenía ciertas restricciones que no le permitían acercarse a la gente e, incluso, ponerles sus manos, o más bien, tocarle.

Levítico 15:19-20 *"Cuando la mujer tuviere flujo de sangre, y su flujo fuere en su cuerpo, siete días estará* *apartada; y cualquiera que la tocare será inmundo hasta la noche". "Todo aquello sobre que ella se acostare mientras estuviere separada, será inmundo; también todo aquello sobre que se sentare será inmundo".*

Podemos ver que, **contra todo pronóstico**, esta mujer se lanzó a provocar su milagro, aprovechando el alboroto social que había, porque un gran funcionario del gobierno llamado Jairo se postró ante los pies de Jesús clamando por un milagro (hecho que sorprendió a todos en ese lugar), llamando la atención de los espectadores. Todos se enfocaron en ese acontecimiento. Mientras, la mujer que tenía ya doce años padeciendo de la misma condición, aprovechó el momento y de manera sigilosa, caminó entre la multitud y fue a tocar el borde del manto del Maestro, recibiendo su milagro y quedando libre de su azote.

En este relato bíblico, queda demostrado que para Dios reformar tu vida y entregarte el milagro que estás pidiendo, no se enfoca en quién eres y mucho menos, en qué lugar de la fila estás, sino **en la disposición que tengas para ser transformado por su poder**. El Maestro iba camino a sanar a la hija de Jairo, ella estaba primero en la lista "aparentemente", pero la mujer del flujo de sangre supo aprovechar su momento y arrebatar su milagro. Porque hay ocasiones donde Dios irá hasta ti para entregarte el milagro, pero también, habrá ocasiones donde tendrás que moverte de tu lugar de confort para poder recibirlo.

Todos, en algún momento, hemos necesitado un **milagro 911**. Son esos milagros que nos libran de las manos del cazador, que, en ese último minuto, cuando pensamos que vamos a morir, viene la benéfica mano de Dios y nos libra de todo mal. A mí, de manera particular, me ha tocado estar ahí muchas veces y puedo decir que Dios, en todas las ocasiones, sin exceptuar ninguna, me ha sido fiel, por lo que puedo hablar de ellos con propiedad.

Milagros 911. Las Escrituras hablan de varios milagros que requerían 911, pero parece ser que, para obtenerlos, se tenían que aplicar ciertos principios, los cuales estaré compartiendo con ustedes. Estos principios los ayudarán a caminar en abundancia en tiempos de crisis y a mantenerse sanos en tiempos de enfermedad, nos enseñarán a ver a Dios en medio de la tormenta (Sé que tienes que estar ansioso por saber estas instrucciones que te empoderarán sobre las tinieblas, pero ¡tranquilo, no comas ansias! y acompáñame a extraer de esta poderosa historia, aquello que quiero que aprendas)...

Mateo 15:21-28:

21 Saliendo Jesús de allí, se fue a la región de Tiro y de Sidón.

22 Y he aquí una mujer cananea que había salido de aquella región clamaba, diciéndole: ¡Señor, Hijo de David, ten misericordia de mí! Mi hija es gravemente atormentada por un demonio.

23 Pero Jesús no le respondió palabra. Entonces acercándose sus discípulos, le rogaron, diciendo: Despídela, pues da voces tras nosotros.

24 El respondiendo, dijo: No soy enviado sino a las ovejas perdidas de la casa de Israel.

25 Entonces ella vino y se postró ante él, diciendo: ¡Señor, socórreme!

26 Respondiendo él, dijo: No está bien tomar el pan de los hijos, y echarlo a los perrillos.

27 Y ella dijo: Sí, Señor; pero aun los perrillos comen de las migajas que caen de la mesa de sus amos.

28 Entonces respondiendo Jesús, dijo: Oh mujer, grande es tu fe; hágase contigo como quieres. Y su hija fue sanada desde aquella hora.

En esta historia están impregnados los principios que te ayudarán a elevar tu relación con Dios y caminar en victoria.

Antes, quiero comenzar explicándole la situación social, política y religiosa de ese tiempo en que se desarrolló ese acontecimiento profético. Lo primero a resaltar es que la mujer **cananea** era **griega** y **sirofenicia** de nación y los judíos, para ese tiempo, se creían la única nación favorecida por Dios, de manera que no se llevaban tan bien con gente de otros pueblos y mucho menos, con alguien que era cananeo (que para ellos eran considerados paganos), pero sabemos bien claro, que nunca fue el deseo de Dios que sus bendiciones y atributos quedaran limitadas solo a los judíos. Sin embargo, para los judíos, los cananeos, desde los tiempos de Josué, fueron considerados como enemigos al punto tal que la ley judía los separaba de los gentiles. Había una limitante tradicional para esta mujer recibir el milagro de su hija. Como todo judío, Cristo entendía que el plan de Dios para la humanidad tenía que tener un orden rígido, y este era primero los judíos y luego los gentiles.

Por eso, le respondió de esta manera a la mujer cananea: **Mateo 15-26**: *"Y respondiendo él, dijo: No es bien tomar el pan de los hijos, y echarlo a los perrillos"*. Dando a entender que su enfoque, en esa ocasión, estaba en única y exclusivamente para su pueblo judío, en el que le tocó nacer y desarrollarse como un ciudadano. Los judíos eran bien estrictos con sus reglas y Cristo bien estricto con el orden en el que debería comenzar a operar en la tierra: **Primero los judíos, luego los gentiles**. Por eso, cuando envió a sus discípulos a predicar, les dejó bien claro el orden cronológico en el que deberían operar **(Romanos15:8)**. Y lo mismo mandó a sus discípulos, cuando los envió a predicar:

Mateo 10:5-6: *"A estos doce envió Jesús, y les dio instrucciones, diciendo: Por camino de gentiles no vayáis, y en ciudad de samaritanos no entréis, sino id antes a las ovejas perdidas de la casa de Israel"*.

Podemos ver que hay una limitante política y social para esta mujer recibir una reforma de destino para su hija, por lo que se ve obligada a seguir insistiendo por su milagro 911... y su insistencia la llevaría a ese nivel de victoria. Ella se atrevió a romper los paradigmas culturales entre ambas naciones y a clamar por su milagro **contra todo pronóstico**, contra toda respuesta negativa de Jesús hacia ella. Esta mujer se mantenía con una **actitud correcta** y este es el **primer principio** que te ayudará a caminar bajos cielos abiertos: **La actitud con la que digieres las cosas.** Esta mujer fue ofendida por Cristo, al punto tal, que la llamó perrilla (era costumbre usual en los judíos llamar perros a los paganos). En primera instancia, se negó a hablar con ella, porque dice el texto que Él no le respondía palabra alguna; es decir, que no le prestaba atención, hasta que esta mujer, con su actitud, logró que el Maestro le hablara y no solo palabras, también le otorgó el milagro que ella requería para su hija (**Los milagros 911 llegan cuando tú tienes la actitud correcta para recibirlos.** Así que espero que tu actitud presente no te robe el milagro que Dios tiene para ti).

Mateo 15-27: "*Y ella dijo: Sí, Señor; mas los perrillos comen de las migajas que caen de la mesa de sus señores*".

Vemos que ella aceptó lo que Cristo estaba diciendo, pero esto no la limitó a seguir clamando por su milagro.

*Esta mujer tenía una actitud de conquista; ella sabía que todo ese riesgo que estaba tomando al hablarle al Maestro era con un propósito premeditado: "**La sanidad de su hija**".*

Por esa razón, su hija recibió su milagro. **Mateos 15: 28** dice: "*Entonces respondiendo Jesús, dijo: Oh* *mujer, grande es tu fe; sea hecho contigo como quieres. Y fue sana su hija desde aquella hora".* La buena actitud en la vida es muy necesaria porque esta nos ayuda a ver **oportunidades** donde otros solo ven fracasos, nos permiten ver lo **abundante** donde otros solo ven sequía. Para ser un triunfador se requiere de una buena actitud, o más bien, correcta, debido a que hay reformas que suceden porque Dios te sale al encuentro; pero hay otras donde tienes que salir a su encuentro reclamando tu milagro.

Retomamos:

Principio número uno: **"Arriésgate a pedir contra todo pronóstico".**

Principio número dos: **"Teniendo una actitud correcta"**

Principio número tres, pero no menos importante: **"Ejerce movimiento"**, ya que sin movimiento, no hay milagros. En todas Las Escrituras, vemos que los milagros en los que Jesús operó estaban involucrados con acción y movimiento.

En esta historia, apreciaremos cómo la **actitud correcta**, el **movimiento** y la **sanidad interna** les cambiaron la vida a estos cuatro leprosos. En **2 Reyes 7:3-10,** dice:

"Había cuatro leprosos a la entrada de la puerta, y se dijeron el uno al otro: « ¿Por qué estamos aquí sentados esperando la muerte? Si decimos: "Vamos a entrar en la ciudad, como el hambre está en la ciudad, moriremos allí; y si nos sentamos aquí, también moriremos. Ahora pues, vayamos y pasemos al campa-

mento de los arameos. Si nos perdonan la vida, viviremos; y si nos matan, pues moriremos».

Los leprosos se levantaron al anochecer para ir al campamento de los arameos, y cuando llegaron a las afueras del campamento de los arameos, resultó que no había nadie allí. Porque el Señor había hecho que el ejército de los arameos oyera estruendo de carros y ruido de caballos, el estruendo de un gran ejército, de modo que se dijeron el uno al otro: «Ciertamente el rey de Israel ha tomado a sueldo contra nosotros a los reyes de los hititas y a los reyes de los egipcios, para que vengan contra nosotros». Por lo cual se levantaron y huyeron al anochecer, y abandonaron sus tiendas, sus caballos y sus asnos y el campamento tal como estaba, y huyeron para salvar sus vidas. Cuando los leprosos llegaron a las afueras del campamento, entraron en una tienda y comieron y bebieron, y se llevaron de allí plata y oro y ropas, y fueron y lo escondieron; y volvieron y entraron en otra tienda y de allí también se llevaron botín, y fueron y lo escondieron.

Entonces se dijeron el uno al otro: «No estamos haciendo bien. Hoy es día de buenas nuevas, pero nosotros estamos callados; si esperamos hasta la luz de la mañana, nos vendrá castigo. Vamos pues, ahora, y entremos a dar la noticia a la casa del rey». Así que fueron y llamaron a los porteros de la ciudad, y les informaron: «Fuimos al campamento de los arameos, y vimos que no había nadie allí, ni siquiera se oía voz de hombre; solamente los caballos atados, también los asnos atados y las tiendas intactas»."

Podemos percibir cómo el movimiento les cambió la vida a estos cuatro leprosos. Quiero resaltar que dentro de la ciudad había una situación económica que afectaba hasta a sus moradores. **2 Reyes 6:25** expresa: *"Y hubo grande hambre en Samaria, teniendo ellos cerco sobre ella; tanto, que la cabeza de un asno era vendida por ochenta piezas de plata, y la cuarta de un cabo de estiércol de palomas por cinco piezas de plata"*. Dios, en medio de todo el caos que está experimentando la ciudad, le dio una palabra al profeta **Eliseo**, **2 Reyes 7:1**: *"Dijo entonces Eliseo: Oíd palabra de Jehová: Así dijo Jehová: Mañana a estas horas valdrá el de flor de harina un siclo, y dos de cebada un siclo, a la puerta de Samaria"*.

Esta palabra provocó que se requiriera el accionar de alguien para sacar a la ciudad de su estado crítico. El pueblo estaba lleno de personas malhumoradas a causa de la hambruna y no creyeron lo que Dios había hablado al profeta; y en vez de creer, cuestionaron. En medio de todo el caos, se necesitaban personas que ejercieran movimientos y los únicos que lo hicieron fueron estos cuatro leprosos que, aunque tenían una terrible enfermedad, serían el utensilio que Dios utilizaría para traer libertad financiera y territorial al pueblo.

En la historia anterior, aprendimos que una '**actitud correcta**' te capacita para recibir un milagro; pero en esta ocasión, vemos que el '**movimiento**' te cambia la vida por completo.

Este es el tercer principio: **El movimiento.** Estos leprosos habían sido excluidos de la ciudad por su condición física. Me imagino que tenían familias, tierras, ganados y otros bienes; y de repente, lo perdieron todo a causa de su enfermedad. Usualmente, a las personas que padecían de esta enfermedad los confinaban a vivir en aldeas o en las afueras de las ciudades amuralladas.

Las aldeas donde estos habitaban representaban ese lugar de dolor, de no producción, de sueños incumplidos, lugar de proyectos fallidos y de angustia.

Estoy seguro, querido lector, que en algún momento de tu vida, a ti te tocó estar en esa aldea de incapacidad espiritual donde lo único que anhelas es un **milagro 911**, que te reforme el destino de una vez por todas. Si es así, te aseguro que tienes en tus manos el libro correcto, porque, así como Dios les reformó la vida a estos cuatro leprosos (con un milagro 911), hará lo mismo con tu persona en este instante, solamente tienes que ejercer movimiento y Dios obrará a tu favor.

Dicen que estos leprosos tomaron una decisión radical: caminar hacia el campamento enemigo en busca de un poco de comida, porque según su condición, tenían la muerte asegurada y querían sentir la sensación de llenura antes de morir; por eso, determinaron ir hacia los sirios, donde probablemente, los iban a matar, pero en caso de que los sirios hubieran obrado en misericordia, antes de darles muerte, les darían un bocado de comida, para así, ellos poder morir con ese último deseo cumplido. Ellos optaron por ejercer movimiento, en busca de una mejor condición y dicha acción generó lo inesperado de Dios para sus vidas. **2 Reyes 7:6** dice que Dios provocó una especie de efectos proféticos en los oídos de los sirios, donde ellos escuchaban como si un ejército venía a atacarles. Dios ocasionó un sonido, como de un estruendo de muchos carros, para generar temor en las vidas de los sirios. Sin embargo, simplemente, eran cuatro leprosos que se decidieron pararse de sus zonas de confort y ejercer movimiento, convirtiéndolos en los más ricos de toda la región, porque los enemigos asustados, creyendo que el pueblo había buscado ayuda para darles muerte, salieron de huida inmediata, sin detenerse a recoger sus pertenencias personales **(2 Reyes 7:7)**.

De manera inesperada, pasaron a ser las cuatro personas con más alimentos, vestidos, plata y oro de todo ese lugar, solo por saber movilizarse en el tiempo indicado. Había una palabra en el aire que el profeta Eliseo había soltado y esta iba a tener cumplimiento solo en las vidas de las personas que accionaran.

Esto me hizo entender tres cosas:

Si te mueves, Dios se mueve.

Dios nunca hará nada que a ti te corresponde hacer y, Dios premia a aquellos que tienen la valentía de **arriesgarse contra todo pronóstico**.

En fin, estos leprosos pasaron de ser los peores vestidos a los **mejores vestidos**; de ser los más pobres a ser los **más ricos**; de ser los más desechados a ser los **más queridos**, porque demostraron que tenían lepra por fuera, pero estaban sanos por dentro. Aparentemente eran "ricos", pero pobres de hambre. Dentro de cada uno de ellos había un **reformador de destinos,** puesto que cambiaron la situación económica de todo un pueblo.

Lo más interesante de toda la narrativa es que, estando ellos en sus mejores momentos, acudieron a compartir el botín que habían recibido, producto de sus movimientos.

2 Reyes 7:9-10: *"Luego se dijeron el uno al otro: No estamos haciendo bien. Hoy es día de buena nueva, y nosotros callamos; y si esperamos hasta el amanecer, nos alcanzará nuestra maldad. Vamos pues, ahora, entremos y demos la nueva en casa del rey.*

Vinieron, pues, y gritaron a los guardas de la puerta de la ciudad, y les declararon, diciendo: Nosotros fuimos al campamento de los sirios, y he aquí que no había allí nadie, ni voz de hombre, sino caballos atados, asnos también atados, y el campamento intacto."

Estos personajes pusieron en práctica los tres principios fundamentales para recibir un milagro 911:

Tuvieron una **actitud correcta** frente a la desgracia por la que estaban atravesando.

A pesar de la incomodad que generaba caminar y **moverse** con lepra, decidieron salir de su comodidad y trasladarse hacia el campamento enemigo.

Y, por último, estaban **sanos internamente**. Porque, supieron a aplicar el principio de la honra, distribuyendo las bendiciones y no refugiándose en el resentimiento causado por el rechazo que el pueblo les había brindado.

Ellos supieron perdonar a tiempo, y considero que eso tienes que hacer en este momento. Muchas veces le pedimos a Dios un milagro, pero estamos llenos de amargura, dolor y resentimiento por algo que nos hicieron y no pudimos superar; pero te invito a que perdones y que sueltes aquello que es necesario dejar que se vaya, porque tú no mereces andar por el mundo lleno de cargas internas.

¡Vamos!

Quiero que respires profundo y puedas aplicar estos tres principios a cabalidad, porque de nada te sirve tener una buena actitud y ejercer movimiento, cuando por dentro estás podrido, lleno de odio, resentimientos y falta de perdón.

Para ser un reformador de destinos, se requiere sanidad interior. Si consideras necesario soltar el libro por unos minutos y presentarte ante Dios en búsqueda de liberación interior, ¡hazlo! Porque estoy plenamente seguro de que Él está completamente dispuesto a ayudarte, tal y como lo expresa el salmista en el **Salmo 55:22**: *"Echa sobre Jehová tu carga, y él te sustentará; No dejará para siempre caído al justo"*

Tu milagro dependerá mucho de esta última parte, porque, aunque fue a la que menos líneas le dediqué, probablemente, sea el área de nuestras vidas que más debamos trabajar.

Estos son los tres principios fundamentales para experimentar un **milagro 911**, vive aplicándolos a tu vida de manera constante para que en el momento en que lo necesites, puedas ver a Dios obrar en medio de tu angustia.

Sobre todas las cosas, recuerda: **"Si tú te mueves, Dios se mueve"**. Si quieres convertirte en un reformador de destinos, tienes que tener estos principios bien claros, porque aquellos que reforman son los que ponen a funcionar lo que no funciona, tal como pasó el día que Cristo resucitó a Lázaro, hermano de Marta y María, sus dos grandes amigas.

Juan 11:39-41 *"Dijo Jesús: Quitad la piedra. Marta, la hermana del que había muerto, le dijo: Señor, hiede ya, porque es de cuatro días. Jesús le dijo: **¿No te he dicho que, si crees, verás la gloria de Dios?** Entonces quitaron la piedra de donde había sido puesto el muerto. Y Jesús, alzando los ojos a lo alto, dijo: Padre, gracias te doy por haberme oído"*.

Vemos claramente que al momento de Cristo operar en milagros sobre la vida de Lázaro, les pidió a las personas que estaban ahí que quitasen la piedra. **¿Qué representa quitar la piedra?** Representa 'acción y movimiento'. En otras palabras, Jesús les estaba diciendo: *"Hagan ustedes aquello que les corresponde y yo haré mi parte"*. Es contradictorio que Jesús dijera que levantaría al muerto y que no tuviera la capacidad de mover la piedra (como por arte de magia). **¿Dices que me levantarás un**

muerto y no me puedes mover la piedra? Fue la pregunta que me surgió al momento de leer esta historia, y sin aplicar revelación del Espíritu Santo sobre el texto, me di cuenta de que nosotros movemos la piedra y Dios se encarga de resucitar al muerto. Nosotros hacemos nuestra parte y Jesús hace su parte.

Cerrando este capítulo, quiero que te decidas a mover la piedra que te imposibilita. ¡Te reto a romper esa barrera! **Ese limitante que aleja el milagro de Dios para tu vida puede ser, simplemente, la falta de movimiento y de fe**. Quizás sea un estancamiento ministerial que no te permite recibir tu milagro, así que ¡Rompe esa barrera en el nombre de Jesús! Como cuando los cuatro amigos del paralítico rompieron el techo por el milagro del necesitado, así mismo rompe todo lo que te separa de lo que Dios ha predestinado para ti.

CONCLUSIÓN

Hay una parábola en Las Escrituras que fue dicha por Jesús para enseñar, con ejemplos físicos, grandes verdades espirituales. Esta parábola es la del **"Hijo pródigo"**, que siendo esta la tercera que Jesús utilizó para explicar estos principios, para mí, es la más clara de todas. Aquí podemos apreciar varias cosas, como **"el hambre de poder"** fuera de la cobertura de Dios y **"el poder redentor del padre"**.

Lucas 15: 11-32 nos muestra la historia de un padre que tenía muchas riquezas y que, según el texto, era una persona dadivosa, hasta con sus empleados. Era alguien que siempre tenía buen pan y buen trato. Este hombre tenía dos hijos, uno mayor y otro menor. El menor estaba cansado del sistema en el que vivía: la disciplina y reglas de la casa lo tenían hastiado, aburrido y malhumorado. Por lo tanto, decidió reclamar su herencia e irse a otra provincia lejos de su familia; allí malgastó el dinero en los deseos envanecidos de su mente.

Este muchacho, mejor conocido como "el hijo pródigo", era una persona rica, pero pobre de hambre, que, enfocado en los placeres y las riquezas, se alejó de la cobertura de su padre. Estando lejos de ella, cayó en una situación crítica y deprimente, donde le tocó trabajar alimentando cerdos. Fuera de la casa de su padre, su vida era un total desastre (Es probable que mientras estés leyendo estas últimas líneas, te encuentres en ese lugar, todo por querer tener los beneficios del reino antes del tiempo señalado)...

Dijo **C.H. Spurgeon**: «*Quien le sirve a Dios por dinero, es capaz de servirle al diablo por un mejor salario*». Y esto es exactamente lo que está pasando con esta generación: enfocados en lo material, perdimos el verdadero enfoque del ministerio y de lo que significa ser un mensajero del Señor.

Recuerdo en mi segundo viaje a Ecuador, en una de mis giras, titulada **"Motivos correctos",** tuve la oportunidad de compartir un café con algunos colegas ministros del evangelio de diferentes naciones: Colombia, República Dominicana y Ecuador. Había de todo un poco en esa mesa redonda: predicadores influyentes y unos cuantos nuevos en el ministerio (como yo), que estaban dando sus primeros pasos como predicadores. Fue un tiempo muy ameno y agradable (exceptuando la parte donde toda la conversación giraba en cuanto a ofrenda, siembra y fama). Cada uno de ellos comenzó a vociferar sobre cuántos países habían visitado, con cuáles pastores, qué honran habían estado, qué cantidad de dinero le habían sembrado y qué habían conseguido en el ministerio.

Para no quedarme atrás y no pasar como un novato, me dejé envolver por sus palabras y testimonios, y comencé a decir a cuántas naciones Dios me había permitido ir y todo lo que Dios me había permitido obtener por medio al ministerio, que, aunque era poco, por lo menos, quería que ellos supieran que Dios también había sido bueno conmigo. En ese momento, me di cuenta de que para muchos cristianos, el éxito y las bendiciones materiales representan "el favor de Dios". Cuando te ven "bendecido monetariamente", lo primero que te dicen es lo siguiente: **¡Dios está haciendo grandes cosas contigo!** Porque entienden que mientras más dinero, "más respaldo", y mientras más fama, más "gloria" cargas, cuando en realidad, no es así.

El éxito de un ministerio no está ligado a los bienes que este posee, sino a los resultados espirituales que este genere.

Y ahí estaba, en medio de ellos; y aunque mi gira llevaba por nombre *"Motivos correctos"*, en ese momento, me di cuenta de que, por lo menos yo, no los tenía.

Cuando llegué a la habitación donde me estaba hospedando, pude ver que todo lo que hacía o decía estaba conectado directa o indirectamente con "dinero"; y fue ahí cuando comprendí que era un **rico, pero pobre de hambre;** alguien con un gran ministerio, pero con una pésima intención. Desde ese momento, entendí que necesitaba reforma, que precisaba ser confrontado por Dios, quizás como lo estás haciendo tú ahora, porque, probablemente, seas ese hijo pródigo que, en busca de placeres y dinero, perdió el significado de la vida, lejos de la casa del padre.

Quiero que sepas que yo, al igual que tú, he estado ahí y no me da vergüenza admitirlo, porque en algún momento, a todos nos ha tocado inclinarnos hacia el mal. El Apóstol Pablo lo expresó de esta manera en **Romanos 7:15**: *"Porque lo que hago, no lo entiendo; porque no practico lo que quiero hacer, sino que lo que aborrezco, eso hago".* A todos nos ha tocado estar ahí, en ese lugar de desenfoque, donde queremos todo aquello que Dios no quiere cerca de nuestras vidas. Por eso, ese día en la habitación, cuando llegué de la reunión con mis colegas, me postré de rodillas a orar y le dije a Dios: *"**Que el dinero y las bendiciones no sean lo que me motive a seguir bendiciendo a la gente en lo que me queda de gira**".*

Recuerdo que faltaban unos cuantos eventos para regresar a República Dominicana y me dije por dentro: *"**En esta ocasión, me voy a deleitar en ver cómo los feligreses son edificados y reciben una*** *impartición del Espíritu Santo".* Desde ese día, mi vida ministerial cambió. Ver la cara de esas personas llorando porque Dios les había entregado el milagro no tuvo precio. Ver a una mujer testificar, entre lágrimas, que Dios había desaparecido el quiste maligno que tenía me cambió la vida hasta el sol de hoy.

Ahora, mi enfoque principal es ser efectivo para el Reino y marcar la vida de alguien con una palabra de Dios a través de mi persona. Luego de esa experiencia, no me interesaban los sobres. En algunas ocasiones, hasta me iba olvidando de que me tenían que dar ofrenda, y luego, los pastores me llamaban para darme la honra correspondiente. Créanme, el dinero lo necesitaba. Entiendo a los miles de ministros que viven de la obra a tiempo completo, que tienen gastos elevados y familias numerosas, donde se requiere la constante entrada de dinero para suplir, por lo menos, las necesidades diarias de sus hogares y sé que no es fácil tener que dejar una ofrenda... Ejemplo, yo tenía deudas en Santo Domingo que tenía que pagar al volver, y tenía pensando utilizar ese dinero con el que Dios me honraría en ese viaje.

Pero, en esta ocasión, presentaré la otra cara de la moneda, porque creo fielmente en la honra y que Dios bendice y prospera por medio del ministerio. En cambio, en la parte donde difiero completamente **es en los motivos e intenciones desviados que nos roban el verdadero sentido por lo que hacemos las cosas**.

Porque estoy consciente, y quiero que lo sepas, amado lector, de que probablemente seas un evangelista o un profeta en potencia llamado a predicar este Santo Evangelio a tiempo completo y lees estas líneas con un poco de enojo, porque estás consciente de que lo que haces merece una honra, y estoy completamente de acuerdo contigo. También tengo bien claro que alrededor del mundo, hay muchos pastores que roban la bendición que le corresponde al hombre de Dios, pastores que dan ofrendas denigrantes, que no valoran la unción ni mucho menos la palabra que Dios envía a su pueblo por medio de sus mensajeros. Era costumbre en la antigüedad honrar todo lo que representaba una teofanía de Dios. Por eso, Abraham honró la aparición de los ángeles que le visitaron preparándole un banquete, y Gedeón honró la visita que le cambió la vida, sacrificándole un becerro, dando a entender que, aunque Dios no necesitaba esa ofrenda, esta se requería para provocar el agrado de Dios.

La pregunta que me surge en este momento es: **¿Por qué hay pastores que se les hace difícil honrar a los hombres de Dios? ¿Será esta mala acción en los pastores la que ha provocado ese interés monetario en los evangelistas? ¿Será esta la causa por la cual muchos hombres de Dios de renombre, terminan poniendo tarifas?** … Son preguntas a las que quizás, en esta ocasión, no les tengamos respuestas, pero te recuerdo que

Las Escrituras enseñan en **1 Corintios 9:13**: *"¿No sabéis que los que trabajan en las cosas sagradas, comen del templo, y que los que sirven al altar, del altar participan?"*

Cuando tenga la oportunidad de ser pastor e invite a un predicador a mi congregación, me aseguraré de que él salga bendecido, porque creo en la honra y estoy completamente consciente de los resultados de la misma. Todo aquel que siembra tiene la facultad de segar buenos frutos.

Por eso, mi intención aquí es crear un punto de equilibrio para que el predicador sea motivado por intenciones sanas y el pastor entienda que es de vital importancia honrar al predicador y a todo aquel que sirve de bendición para la congregación, independientemente de que sea o no, alguien que ministre por medio de la Palabra.

Ese punto de equilibrio se encuentra en una sola parte: *"En la casa del Padre"*. El hijo pródigo, luego de gastar su herencia, se vio obligado a regresar a la casa de su padre en busca de una mejor vida; y es exactamente mi intención en este momento que no importa cuán desenfocado estabas, ni qué tan grande fue tu pecado; tampoco qué tan mal estuvo esa última decisión que tomaste, Dios está dispuesto a restaurarte y reformarte el destino por completo. **Lucas 15: 21-22**, dice: *"Y el hijo le dijo: Padre, he pecado contra el cielo y contra ti, y ya no* *soy digno de ser llamado tu hijo. Pero el padre dijo a sus siervos: Sacad el mejor vestido, y vestidle; y poned un anillo en su mano, y calzado en sus pies".*

Dios está en la total disposición de transformar tu vida, darte vestido nuevo (que representa nueva temporada) y poner un anillo en tu mano (que representa autoridad y gobierno). Dios te dará eso que buscabas desesperadamente tener, el día que dejes de buscarlo de la manera incorrecta. Así como el hijo menor fue dotado de riqueza nuevamente, el Señor te prosperará en niveles sorprendentes, donde nada te faltará y la pobreza jamás tocará tu morada; pero Él solo requiere una sola cosa de ti: que **seas un reformador de destinos con motivos correctos.**

Ricos, pero pobres de hambre es dirigido a esas personas que poseen cualidades extraordinarias, pero carecen de intenciones correctas. Enfocan sus vidas y sus llamados en ser saciados por la fama, el dinero, los lujos y el renombre y no en mostrar a quien verdaderamente importa ser reconocido en estos caminos, a Jesús.

ACERCA DEL AUTOR

Randy Montilla, Evangelista y Conferencista multitudinario, de origen dominicano, nacido el 20 de junio de 1996. Montilla es un joven reconocido en las naciones por sus mensajes reformadores, que le han permitido trascender de una manera excepcional desde sus inicios en el año 2010.

Presidente y fundador de **Fextrema Internacional**, un ministerio encargado de la capacitación y desarrollo de líderes competentes del **Nuevo Pacto**, cuya visión es reafirmar la fe cristiana con valores irreemplazables para marcar un antes y un después en nuestra generación.

Montilla ha escrito un manual de vida con detalles inéditos, de una forma amena, con el fin de instruir al lector a reformar su vida con un **"Motivo Correcto"**. Este lema, "Motivos Correctos", ha sido destacado en Sudamérica y Centroamérica por medio de sus giras ministeriales.

Si este libro ha sido de bendición para su vida, le invito a que nos comparta su testimonio.

RANDY MONTILLA

Tel: (849) 850-1451
Email: Randymontilla96@gmail.com
Facebook :   Randy Montilla
Instagram :   Randy_montilla
YouTube :   Randy montilla